强势谈判心理学

朱建国◎著

心理学博士解密谈判制胜攻略

江苏凤凰文艺出版社
JIANGSU PHOENIX LITERATURE AND ART PUBLISHING LTD

图书在版编目（CIP）数据

强势谈判心理学 / 朱建国著. -- 南京 : 江苏凤凰文艺出版社, 2017.7
ISBN 978-7-5594-0724-5

Ⅰ. ①强… Ⅱ. ①朱… Ⅲ. ①谈判学 - 社会心理学 - 通俗读物 Ⅳ. ①C912.3-49

中国版本图书馆CIP数据核字(2017)第129024号

书　　名	强势谈判心理学
著　　者	朱建国
责任编辑	邹晓燕　黄孝阳
出版发行	凤凰出版传媒股份有限公司 江苏凤凰文艺出版社
出版社地址	南京市中央路165号，邮编：210009
出版社网址	http://www.jswenyi.com
发　　行	北京时代华语国际传媒股份有限公司　010-83670231
经　　销	凤凰出版传媒股份有限公司
印　　刷	三河市宏图印务有限公司
开　　本	880×1230毫米　1/32
印　　张	10
字　　数	200千字
版　　次	2017年7月第1版，2017年7月第1次印刷
标准书号	ISBN　978-7-5594-0724-5
定　　价	42.00元

前　言

谈判是什么？是不是只有商业谈判、法律争讨或者政治磋商之类比较正式的才算谈判呢？其实不然，谈判的范围远不止这些。

在工作和生活中，凡是与人协商、争论，以求达成一致意见的过程，都可称作谈判。比如，与同事协商如何完成工作，与家人商讨买什么样的电器，跟商场售货员讨价还价……参与双方都希望事情按照自己的预想进行，都希望对方听从自己的意见，但这一点并不容易做到，双方必须通过商谈解决问题，达成一致意见。整个意见达成的过程，都是谈判。

谈判如此广泛地存在于我们的生活中，其作用也就不言自明。我们需要通过谈判来维护自己的利益，需要通过谈判来解决个人或者团体遇到的难题，需要通过谈判来说服别人支持我们。因此，必须懂得谈判的策略，让自己在谈判中处于有利位置。

那么，谈判的本质是什么？怎样才能掌握谈判的技巧呢？表面上看，谈判是双方的语言交锋，要想赢得胜利，就需要锻炼口才。事实上，语言交锋只是谈判的表面形式，谈判的本质在于心理较量。

语言只是交流的媒介，内心的想法才是交流的内容。因此，我们一定要努力去影响对方的心理，不仅让对方口服，更要让对方心服，即所谓“攻心”。如果你抓住了对方的心理，一句话就有可能打动他；如果抓不住，即使你长篇大论，对方也会不以为意。所以，想要懂得谈判的策略，首先要懂得心理策略。

“攻心”的起点，是了解对方。正所谓有的放矢，了解了对方的性格，明白了对方的需求，知晓了对方的底牌，我们才能够有针对性地迎合其性格，满足其需求，应对其底牌。据此，才能够制定出有效的谈判策略。

除了洞察对方心理，制定相应策略之外，我们还需要知道一些普遍适用的心理学知识，根据这些心理学知识，用或直接或委婉的语言影响对方、控制对方，最终成为谈判的赢家。

本书是一本实用性很强的书，希望能够给读者以清晰有效的指导。仔细阅读本书，也许会获得立竿见影的效果。

序言　谈判无处不在

下班了，和朋友一起去吃饭，他喜欢吃北方菜，你却想吃南方菜，你们需要商量究竟要吃哪一种口味；孩子不愿意熄灯睡觉，作为家长的你面对他的任性，需要耐心地劝导，而孩子很可能又会跟你对着干；中午做饭去菜市场买菜，菜太贵了和商贩讨价还价；向你的老板提出加薪，而老板又不同意你的要求……这些都是生活中的琐碎细节，而这些细节的本质，就是一场又一场的谈判。

现代社会人与人之间的关系越来越密切，也越来越复杂。不同的需求使得我们每个人都在追求自己希望得到的利益，而谈判就是解决利益纠纷的有力工具。懂得谈判心理学，可以帮我们有效地解决生活中遇到的各种问题。

小娟和小丽是大学同学，同住在一个宿舍里。她们的关系一直处得不错，但是最近两个人却陷入了冷战。事情得从两个人的学习习惯说起。临近期末，大家都进入到紧张的复习阶段，小娟和小丽也不例外。小娟是个习惯早睡的人，尤其是现在的复习阶段，她希望自己晚上能早点睡，第二天就可以早点起来复习。而小丽恰恰相反，由于最近的学习压力过大，她的睡眠质量大不如前，晚上要等到很晚才能有睡意。因此，她决定在晚上看书。两个人的作息时间产生了冲突。小丽因为要看书每天很晚才关灯，而灯太亮小娟又睡不着。眼看期末考试就要来临了，两个人却因为关灯的问题屡屡发生冲突。

小娟向小丽抱怨灯亮的问题，小丽说：“你可以买个眼罩戴啊。”小娟说不习惯戴眼罩睡觉，希望小丽能买个台灯，而小丽不想自己出这个钱。经过几番交涉，两人终于决定，合伙掏钱买一盏台灯，算作宿舍公共财物。小娟自己买了个眼罩，试着戴眼罩睡觉。问题终于得到了解决，小娟可以早睡，而小丽也可以在晚上开着灯看书了。

在我们的生活中，处处都可以看到相似的情节。我想开冷气你却怕冷；我想听音乐你却想安静一会儿；我不想做饭你不想洗碗。大家都有自己的“想”，也都有自己的“不想”，关键是彼此要明白以及申明自己的需求，通过开诚布公的商量，找到一个平衡点。谈判的动力来自于需求，一旦了解了彼此的需求，就能够将谈判心理策略应用到这些实际问题中，也更容易得到彼此都满意的结果。要么我把冷气开小一点，要么你穿得厚一些；要么你插上耳机听歌，要么我出去寻找一个清净的地方待一会儿；我不想做饭你不想洗碗，那么就由你来做饭我来洗碗。很多时候我们在追求自己想要的事物而又与别人的需求相冲突时，如果能够多一些类似的磋商，就会减少摩擦和纠纷，为彼此找到一个解决问题的最佳方案。

总之，在生活这张巨大的谈判桌上，我们扮演着各种各样的谈判者，与各种各样的对手较量着输赢。尽管我们浑然不觉，谈判却一直在我们的周围发生着，而谈判输赢的结果也在一步步影响着我们的生活。所以，谈判其实是与我们每个人都息息相关的，懂得谈判心理学并将其应用到生活中，才能成为生活的真正赢家。

目录

CONTENTS

第四章　让他人聆听你，传递给他的讯息

第五章　看见自己，影响别人

第六章　五种让别人喜欢你的方法

第七章　强者气场助你获得真正想要的东西

第八章　弯腰是为了更好地挺起

第九章　一击即中，攻击对方软肋的谈判技巧

第十章　一开口，世界就安静地聆听

第十一章　搞定你想要搞定的人和事

第一章　人心真的难测吗？

人生中的一切难题，心理学早有答案。

ONE

透过肢体语言看穿他人隐蔽情绪

人的一切行为都是心理的映射。

在日常生活中，我们每个人都会有一些潜藏在心底的真实想法不想被别人知道。但是，无意间做出的小动作往往会暴露我们的真实心理。根据现代心理学的研究可知，了解一个人的真实性情，可以观察他在不经意间所表现出来的小动作。这是因为小动作实际上是一种肢体语言密码，它代表的是一个人内心的真实想法。在谈判过程中，谈判对手往往会刻意掩盖自己的真实情绪。但是，大部分人都无法做到在隐藏内心时不留下蛛丝马迹。观察谈判对手身体各部位的小动作，可以洞悉他们在说话时没有透露出来的信息，了解他们的真实想法。

A 方与 B 方进行谈判。在谈判过程中，A 方一直注意观察着对方的表情以探知对方对自己方案的态度。他向对方详细地介绍了自己的方案，其间对方代表一直流露出满意的表情，看起来似乎对这套方案很感兴趣。A 方代表心里很高兴，他觉得这次的谈判应该能够成功，对方看起来十分愿意合作。谈判进行到尾声，B 方的态度一直很好，满意的表情也没有发生过变化。不过，A 方代表同时也注意到了一个小小的细节——对方的脚一直在不停地上下抖动。他心里闪过一丝疑惑，不过并没有多想。最终，B 方向 A 方表示，对于他们的方案很满意，但是需要考虑一下，过两天再给出答复。

谈判结束后，A 方便开始等待对方的回音。但是过了两天，等到的却并不是他期望的消息，对方表示，其他公司还有更好的方案，只能期待下次再进行合作了。A 公司代表很失望，但又觉得百思不得其解，对方明明看起来对自己的方案很感兴趣，为什么又突然不愿意合作了呢？A 代表回想起 B 公司代表在谈判中的小动作，咨询了相关人士，才明白，原来 B 公司代表在谈判中所表现出的感兴趣的表情，只是他伪装以后的结果。真正能代表他内心想法的，是他双脚不停抖动的小动作。通常来说，听话者脸上一副感兴趣的样子但是双脚同时不停抖动，这说明听话者对于话题其实并不感兴趣。而 B 方代表在谈判中的小动作，才真正代表其内心的真实想法。

在谈判中，如果我们想了解谈判对手的内心，不能只听对方的话语，还要观察一下对方无意识的小动作。从头、手到脚，每一个部位的小动作都能够传递信息，只要细心观察，便不难猜透对方的心。以下是身体各部位小动作所对应的谈判对手的真实心态。

用手抓头部，表示对方此时情绪较为混乱；

交谈时用手触摸眼睛、嘴唇，表示对方很紧张，或者说明他在撒谎；

双臂交叉放在胸前，说明对方感觉到没有安全感；

男士用手抓领口，表明他现在情绪很烦躁；

在纸上胡乱涂写，说明对方现在很紧张；

双脚不停抖动，说明对方没有诚意；

身体动作突然放慢，这表示对方很紧张；

双腿来回晃动，这是对方没有兴趣的表现；

轻轻地、保持一定距离的握手方式，说明对方对谈判的态度很消极；

捂住自己的嘴巴，表示对方有可能在撒谎，或是对你所说的不感兴趣；

摸自己的鼻子，这是说谎者的表现，通常触摸的时间很短，而且力度很轻；

拉扯衣角，说明对方的情绪处于十分紧张的状态，有可能在撒谎；

挠脖子，且挠的次数较多，通常在5次左右。表明他在撒谎。

另外，一些对手习惯做的小动作还可以表露出他们的真实性情。喜欢用嘴巴咬住一些小物品的人，如咬住笔头、眼镜腿或其他物品，这样的人性格桀骜不驯，不愿意受束缚，喜欢无拘无束、自由自在的生活状态。当他们做出咬小物品这样的动作时，说明他们此时处于一个非常恶劣的情绪状态，做这种动作是为了掩饰自己的情绪。所以，遇到这样的情况，最好还是不要打搅他们，否则很可能会导致他们情绪爆发。

有一些人，在情绪比较烦躁的时候会出现咬牙切齿的情况。这样的人通常都有些喜怒无常，情绪非常不稳定。他们心胸狭窄，做事很不理性，经常会控制不住自己做出一些会后悔的事来。

生活中我们也会看到一些喜欢不停地摩擦双手的人。这种人内心充满自信，拥有很强的挑战欲望，是典型的冒险性性格。他们通常比较固执，一旦下定决心做什么事，不管遇到什么样的困难和挫折，都会义无反顾地坚持做下去。当他们不停摩擦双手时，表示他们此时的心情很烦躁、郁闷，有解不开的心结正在困扰着他们。

还有一些人，会习惯于用手抓下巴或是抚摸下巴。这种人是很懂得处理人际关系的一类人。他们心机颇深，胸有城府，在为人处世上很有一套，显得世故圆滑。当他们做出抚摸下巴这样的动作时，实际上他们是处于一种情绪波动的状态中。他们在努力克制自己不要冲动，掩饰自己的不满。同时，这种动作也表示他们正在思考，筹谋着下一步的计划。

习惯用手拢头发的人，性格都很开朗、乐观。他们有很积极的人生观，遇到事情不会选择逃避而是去主动寻求解决的方法。在生活中遇到苦难和挫折时，他们能在最短的时间内调整好自己，以一颗坦然的心重新开始。当他们在你面前做出这样的动作时，实际上心底里对你的话题已经没有了任何兴趣。他们已经分心开始思考其他问题，只是在漫不经心地应付你。而且，他们会觉得你现在是在打扰他们，所以希望能够尽快结束谈话。

最有效的沟通是倾听

我们越是认真倾听他人内心的感受和需要，就越不怕与他们坦诚的沟通。

面对谈判对手，除了依靠观察对方的面部表情、小动作等来判断对方的真实心态以外，认真倾听对方的话语也能够让我们及时地了解对方的想法、喜好与态度。在谈判中，谈判对手的任何一句话都可能会提供对你有利的信息，所以，要想在谈判中了解你的对手，掌握主导权，学会倾听将是一堂必修课。

小王是一名推销员，他所做的工作就是上门推销自己公司的商品。一次，小王到一户人家去推销。这家主人是一位寡居的老太太，独自一人住在公寓中。老太太热情地招待了小王。好久没有人来拜访她了，所以她特别希望能有个人陪她说说话，哪怕是一位陌生人。小王向老太太大致介绍了一下自己公司的产品，但是老太太很快就把话题转移到了她自己的身上。她告诉小王，她膝下无儿无女，自己一个人生活，十分孤单，平时生活中也有诸多不便。小王始终没有打断老太太，耐心地倾听着她的每一句话。讲到后来，老太太有些累了，小王便不失时机地向老太太介绍了自己公司里一款专门为孤寡老人设计的产品。老太太在试用了产品后，感觉非常适合自己，当即下了一份订单。后来，老太太将小王介绍给社区里其他的孤寡老人，小王最终得到了一批数量可观的订单，成了公司当月的销售冠军。

在这个例子中，我们可以看到倾听对方说话的重要性。通过倾听，我们可以得到对方重要的信息。小王正是通过倾听老太太的话，了解到她的烦恼和需求，才能够为她介绍合适的产品，最终获得订单。不过，在谈判场上，我们在倾听谈判对手讲话的过程中，除了听还远远不够，还要会听。要在倾听的过程中，打探出对方的真实心理。

有些谈判对手在谈判过程中会经常强调“我懂了”这句话。一个问题你只是刚说了个大概，他就立即表示已经理解。面对这样的对手，通常真实情况是他对你讲的话并没有什么兴趣，很可能已经不愿意再听你讲下去，但是碍于情面，不好意思直接说出来。

有些谈判对手，明明刚才还是沉默寡言，突然间就变得口若悬河滔滔不绝。面对这种情况，应该仔细回忆一下在他沉默时你们讨论的话题。他忽然变得话多，很可能是因为你谈到了某个他不愿意提及的话题，从而使他拼命地想要岔开话题。简言之，话多只是他们的一个烟幕弹，掩盖他们不愿提及的事情。

“我认为应该是这样，你觉得呢？”“这个不会错。”“没错。”在谈判中习惯加入这类句式的人，他们的内心强烈渴望着对方的认同。他们的询问往往不是在征求你的意见，而只是要求你来肯定他的意见。应对这种对手，如果正面表示不同意他们的观点，很可能会引起他们的不快。所以，即便是有不同意见，也应该寻找合适的方式，委婉表达自己的观点。

在职场上，我们会在各个方面与上司进行明里暗里的谈判。如果你的上司对于你提出的建议经常习惯性地说“随便吧”“你看着办吧”这类话语，不要认为他就真的是让你放手去干。实际情况是，习惯于说这类话语的上司有着很强烈的欲望，很可能他们对于你的建议有着自己的想法，但碍于某种原因又不方便直接表达。所以，在遇到这样的上司时，最好能够引导他说出对你的建议的真实想法，再与他进行磋商该怎么办。

在与不熟悉的人沟通时，你务必要谨言慎行，因为你根本不了解对方，不了解自己跟对方说的话将会产生什么样的后果。在这样的情况下，做个倾听者便成了你最明智的选择。卡耐基曾说：“最重要的是倾听，在你开口告诉别人你有多棒之前，你一定要先倾听，然后你才能开始认识别人，与别人交谈。”

另外，在谈判场上，对手的喜好也是一个重要的情报。通过倾听，我们可以从对方的话语中了解到对方的喜好，赢得投其所好的机会。中兴名臣曾国藩就曾经遇到过这样一位善于倾听的手下。一次，在与幕僚的闲谈中，曾国藩评论彭玉麟、李鸿章，说他们都是当世的英雄人物。“彭公威猛，人不敢欺；李公精敏，人刁能欺。”说完这一句，曾国藩问自己的手下：“你们以为我怎么样？”众幕僚听后都沉思起来，一时想不出该怎么回答。这时，一个声音传来：“曾帅仁德，人不忍欺。”众人循声望去，竟是平日里一个管抄写的后生。曾国藩听了这话，十分得意，众人也都鼓掌称是。后来，曾国藩在升任两江总督时，就提拔了这位后生，让他去做了扬州盐运使。在这个故事中，后生正是通过仔细聆听曾国藩的话语，揣摩他的心意，知晓他希望众人夸赞一番的真实心理，才想出了“曾帅仁德，人不忍欺”这样的妙句，博得了曾国藩的好感。

所以，在谈判场上，既要仔细去听，也要会听，更要在聆听的过程中，将对方的特点掌握到手，促成谈判的成功。

面无表情就是毫无感情吗？

观看把我们引向宁静。

在谈判场上，我们对谈判对手的第一印象就来自于脸。无论对方掩藏得多么好，在有情绪波澜时，总会有一些蛛丝马迹留在他们的脸上，彰显他们的真实心理，这就是表情的力量。我国古代就有“察言观色”的说法，说的就是在与人交往时既要揣摩对方话中之意，也要懂得关注别人的表情来调整自己的行为。在谈判中，如果我们想牢牢将局势掌控在自己手中，取得谈判主动权，了解你的谈判对手是十分有必要的。面部表情往往会泄露很多秘密，所以，在谈判中注意关注对手的表情，将是我们了解对方心理的一把钥匙。

有的谈判对手非常喜欢笑，在生活中经常笑的人自然会给人以好感，谈判场上也不例外。这些对手的笑容使他们显得平易近人、友好亲切，能够自然地赢得另一方的信任。但是有的时候，笑容也并不一定表示对方的态度是积极的。如果对方表现出一副故作笑容的模样，那么他往往是为了掩饰自己的不安，实际上内心的态度恰恰相反。推销界就有这样一句话：“如果对方故作笑容满面，这次推销十有八九就不会成功。”这说明笑容并不总是代表欢迎的态度。所以，不要以为谈判对手对你满面笑容就表示他对你的印象很好。只有看出对方是真笑还是故意伪装的假笑，你才能了解到对方真实的态度。而且，从对手笑的方式上，我们也能看出他们的真实性情。

经常悄悄微笑的人，性格比较内向，他们的思维缜密、头脑机警，不会轻易让别人猜出他的所思所想。而能够不加掩饰地捧腹大笑的人，他们的心胸很开阔，为人正直，且乐于助人。笑声爽朗的人则性格坦率真诚，做事很果断，但内心往往没有外表看起来那么坚强。另外，有的人笑起来总会用手掩着嘴巴，这种人通常很害羞，不会随意将心事告诉给别人，对外界有着很强的防卫心理。

一个人有某种表情，说明他脸上的肌肉在发生着变化。如果对面坐着的是一个面无表情的人，一丝变化都找不到，我们又该从何处下手呢？其实，面无表情也是一种特殊的表情。一般人的脸上都会表现出喜怒哀乐，但是这位对手却一丝波澜都没有，无论怎么想都有些奇怪，他是否是因为极力地在隐藏自己的情绪，用一张找不到一点儿表情的假面具来伪装呢？答案正是如此。一个人内心深处如果有了强烈的情绪波动，感到强烈不满或是对对方有敌意，而他们又不愿意让对方看出自己的这种态度，他们就会选择没有表情的面具来防止自己的这种态度显现出来。所以，在谈判场上遇到这样的对手，心里就应该明白，在他那张面无表情的脸下面，很可能藏着一个情绪大动、无法自控的真实面孔。

与面无表情者相反，也有一些对手，表现出来的是比常人更加善变的表情。他们的脸上一会儿显现出兴奋，一会儿是遗憾，倏忽之间又改为了气愤。这样的人往往拥有较丰富的感情，才能在表情上这么多变，他们表情的变化是随着感情而一同变化的。有人会说，同这样的谈判对手打交道一定很容易，因为他们的表情基本上与感情是同步的，只要看看他们的表情，就可以了解到他们现在的情绪。其实不然，像这样面部表情过于丰富的人，往往性格有些自私自利，以自我为中心。他们及时将感情通过表情表现出来，是不自觉地希望通过这种方式来感染他人，让对手顺着自己的心意走，而不是忤逆自己的意见。所以，遇到这样的对手，如果发现他们的表情起了变化，不妨先暂时认同他们的想法，让他们的情感不至于起太大的波澜，以免谈判发生不必要的冲突。等到他们的情绪稳定下来以后，再慢慢进行磋商。

正常人维持一个表情所用的时间一般只有几秒钟，但是如果你面对的谈判对手正在说谎，他们脸上的表情维持的时间就会长得多。如果一种表情持续的时间达到了 5 秒钟到 10 秒钟，那么这个表情很有可能就是假的。正如上文提到的，有的人为了掩饰自己的情绪而面无表情，这种面无表情也是一种表情，脸上长时间的维持一种表情正说明这种表情的虚假性。假笑也是如此，如果谈判对手在整个谈判过程中脸上始终都在极力维持着笑容，那么十有八九他们只是在努力地对你假笑。

此外，从五官的细微变化上我们也能猜测出对方的性情和情绪状态。拿鼻子来说，当一个人的鼻子胀起来时，他通常是在抑制自己的不满情绪。这种不满使他整个人处于一种紧张的状态中，呼吸和心跳加速，导致鼻孔扩大，鼻子也就相应胀了起来。所以，当你发现谈判对手的鼻子似乎比之前稍稍大了一些，心里就该明白，很可能他已经对你产生不满，正在抑制自己的情绪。此时你需要找些办法平复一下对方的心情，以免发生冲突。

除了鼻子，唇部的动作也能够体现出一个人的心态。嘴唇在人的面部位置显著，动作又多，所以能够表现出人内心更加复杂的心理状态。当人的嘴唇稍稍往上噘起时，说明他此时内心已经有了某种抵触心理，正在防备着对方。而一个人的嘴巴半张开，呈现出一种向后拉的状态时，说明他对对方说的话很感兴趣，正在认真聆听。在说话或倾听时咬着嘴唇的动作，是一种自我反省的表示，表明这个人的心里正在谴责自己。习惯于将嘴角上翘的人性格随和，容易被别人说服。而喜欢将嘴抿成“一”字的人，性格坚韧，能够坚持到底地完成工作，是极难应对的谈判对手。

总之，通过解读谈判对手的面部表情，我们可以发现很多对谈判有用的信息。一些习惯性的表情让我们可以判断对手的性情、品格，在谈判中随时关注表情也能让我们及时了解对手情绪上的变化，在心理上占据主动位置，最终掌控谈判局势。

当你和对方目光相对时

有的人的眼睛像桔子一样毫无表情，有的人的眼睛像一口可以使你掉进去的井。

——爱默生

在谈判中，我们经常要与对手做视线上的交流。你说话的时候，他目不转睛地看着你，或是看你一眼便匆匆移开自己的目光。他说话的时候，一直与你保持着视线交流，或是从头到尾根本就没将视线放到过你身上。这些都是谈判中会出现的情况。眼睛是心灵的窗户，一个眼神，一道视线，都能够透露出谈判对手的真实心理。视线是跳动的眼神，眼神的波动就是视线的变化。所以，在谈判中，我们一定要时刻关注对方的视线，剖析隐藏其中的秘密。

一场谈判已经进入到最后阶段。A 先生目光凌厉，直视着对手的眼睛。对手 B 先生面对 A 先生迎面射来的视线，只看了一眼，便貌似随意地移开了自己的目光。A 先生的态度看起来很坚定，他说："我们公司是很想与贵公司合作的。但是，贵公司必须保证能在 4 个月内全部交货。"

B 先生听了这话，将视线转回到 A 先生身上，他发现 A 先生仍旧在紧紧地盯着自己，B 先生又一次移开了自己的目光。思考了一下，

B 先生说：“我们也非常希望能同你们合作，但是就我们公司目前的情况来说，在 4 个月内交货是真的有些困难。我希望贵公司可以再考虑一下，在交货时间上我们可以再商量一下。”

在说这些话的过程中，B 先生只是偶尔将视线投向 A 先生，但一旦有视线上的交会，B 先生便立即将自己的目光转移。这一切都被 A 先生看在眼里。针对 B 先生方才的请求，A 先生说：“贵公司交货的时间与我公司的正常运营是有很大关系的。倘若贵公司能够在规定时间交货，那我们的生产工作将能够正常进行，这次合作会给我们双方都带来极大的益处。但是一旦贵公司不能在 4 个月内交货，我公司就不得不停工等待贵公司的原料，这会给我们的生产带来极大的损失。所以，鉴于我们公司目前的状况，如果贵公司要与我们合作，就必须保证能在 4 个月内交货。”

B 先生听了这话，目光自下方望向了 A 先生，与 A 先生的视线交会，这一次，B 先生没有移开自己的视线。他说：“我们非常希望能和贵公司合作，只要贵公司能够再多给一些时间，我们一定会加班加点完成。”

A 先生在心里思量着对方公司的底牌。他回想着与 B 先生的谈判过程，他与自己的视线交流总显得不那么自然。首先，当自己直视对方的时候，B 先生并没有回视过来，这说明对方在气场上弱于己方。其次，在谈到交货时间时，B 先生向自己诉苦的过程中总是不愿意与自己有视线交流，不敢直视自己，显得有些心虚。这说明让对方在 4 个月内交货并不是强人所难，只要对方倾尽全力，还是有可能实现的，不像对方所描述的那样绝对无法完成，对方只是想多争取一些时间来交货。最后，B 先生的最终表述显得很真诚。他终于愿意直视自己的目光了，这说明在与我方公司合作这一问题上，对方的态度还是很积极的。这样思考过后，A 先生得出了结论：B 方非常希望能与我方合作，而且在 4 个月内交货虽然对他们有些难度，但还是可以完成的。

有了这样的结论，接下来 A 先生拿出了比之前更加强硬的态度和气势。他始终用逼人的视线盯着对方，告诉 B 公司自己最后的决定——必须在 4 个月内交货，否则这次合作就免谈。最后，果然如 A 先生所想的那样，B 公司非常希望能与 A 公司合作，在 A 公司的强硬要求下，B 公司最终做出了让步，答应了 A 公司的要求，同意在 4 个月内向 A 公司交货。

谈判中一般都是面对面的谈话，所以视线上的交流不可避免。A 先生正是通过观察 B 先生在谈话中的视线变化，剖析出对方的心理，才最终达成了己方的谈判目的。一般来说，在与对方谈话的过程中，时而四目相对，时而转移视线，这是一个基本的变化过程。但是有些谈判对手在这一过程中却显得有些不自然，这时候，我们就应该多注意他们的视线变化，推测一下其中的原因。

在谈判桌上，有的时候我们会遇到这样的对手。他们视线紧迫逼人，紧紧追随着你的一举一动，这样的对手实际上是在强化自己的气势。而且，采取这种策略的人，他们有着很强的自信心，希望能够通过这种表现给别人留下强势、自信的印象。他们在说话的时候，也会紧紧看着对手的眼睛，说出自己的观点，让别人为他们的气势所震慑，服从于他们的观点。遇到这样的对手，如果你不停地闪躲自己的视线，就会显得很心虚。但是如果你也紧紧地回视他，两个人都彼此不转移视线，始终直视着对方，谈判气氛就会陷入一种很尴尬的状态。所以，不妨在初始时与对方直视一段时间，让对方明白你并没有惧怕于他的气场。然后，偶尔与之交会一下视线，停留一段时间，再自然地移开。这样会让对手逐渐感觉到你的镇定自若、不为所动的态度，他们的气场便会渐渐弱下来，采取一种更平和、自然的方式与你交流。

与直视对方的谈判对手相反，有的对手倾向于完全避开对方的视线，始终不用眼睛直视对方。这种人心底比较自卑，可能在从前的谈判中没有取得过什么好成绩，所以一上谈判场就觉得不自信，不敢面对对手。此外，还有一种情况，就是他很心虚，也许在某个方面欺骗了你。遇到这样的对手，一定要谨慎对待，以防他们在谈判中使诈。需要注意的是，如果他们心底有鬼，那么他们偶尔也会主动与你进行视线交会。因为他们有事情隐瞒，所以需要某种方式来证明自己并不心虚，而偶尔的视线交会，就是他们选择证明自己的方式。

第二章　99% 的谈判是在开口前完成的

世界上没有不可能的事。人能够将不可能的事变成可能，
最根本的原因就在于拥有自信。

TWO

领域感：选择熟悉的环境更具心理优势

美国心理学家泰勒尔和他的助手兰尼做过一次有趣的试验，证明许多人在自己客厅里谈话更能说服对方。

一个人在自己或自己熟悉的环境中，比在其他不熟悉的环境中更能收到良好的说服效果，这就是心理学上的“居家优势”。在谈判正式开始之前，对于谈判场地的选择也应当十分谨慎。根据“居家优势”的原理，我们最好能够选择自己熟悉的环境作为谈判场地，即使这一点无法做到，也应当阻止对方选择他们熟悉的环境作为谈判场地，以避免对方在自己熟悉的环境中，利用“居家优势”在心理上占据主动位置。

A 公司与 B 公司之间即将展开一场谈判。两个公司总部分别位于不同的国家，且相距较远。A 公司所在地比较富庶，商人们普遍都过着充裕、闲适的生活，各方面条件都很便利。而 B 公司所在地环境则比较差，经济刚刚开始起步，人们的生活水平普遍不高。在谈判正式开始之前，B 公司对于对方的各种情况做了细致的调查。通过调查，B 公司发现，A 公司所在地的商人生活水平普遍都很高，当地的风俗习惯与 B 公司所在地有很大不同。而且，根据 A 公司所在地一般人的习惯和做法，他们对礼仪十分讲究，在谈判中也会尽量不侵犯谈判对手的权益。因此，B 公司决定，邀请 A 公司到 B 公司所在地来进行谈判。由于过于注重礼节，A 公司没有拒绝 B 公司的邀请，最终派出代表团来到 B 公司所在地与对方进行谈判。

来到 B 公司所在地后，A 公司代表团在很多方面都表现出了不适应。语言不通，饮食不习惯，风俗习惯上的差异，消费场所的落后，这一切都让 A 公司代表团成员无法适应。没过几天，很多人就产生了烦躁不安的情绪，他们想要赶紧结束谈判，离开这个贫瘠的地方，快点回到自己富庶、闲适的家乡去。

殊不知，A 公司代表团的反应正是 B 公司所期望的，他们正是要利用 A 公司代表团在环境上的不适应，使得他们在谈判尚未开始就陷入一个被动的状态。在谈判中，B 公司代表表现得十分镇定自若，与对方展开了拉锯战，在核心问题上坚守着自己的立场，不肯向对方让步。B 公司的策略显然让这场谈判陷入了一场持久战之中。如此一来，A 公司代表团成员只能在这里待更长的时间。没过多久，A 公司代表团成员在心理上就处于劣势，B 公司占据了谈判的主动权。原本，A 公司是占有绝对优势的，但是经过了这一场谈判，双方的地位发生了逆转，最终，B 公司取得了谈判的胜利，以极小的代价获得了期望的利益。

在 A 公司与 B 公司的这场谈判中，B 公司之所以能够取胜，关键就在于谈判场地的选择。B 公司巧妙地将 A 公司的谈判代表置于一个他们非常不熟悉、不适应的环境中，使他们产生焦躁不安的情绪，最终在谈判中轻易放弃自己的优势和主动权，使得B公司赢得了谈判。

在谈判中，“居家优势”之所以能发挥作用，有以下几点原因：

第一，谈判对手作为客人，会在很多方面产生顾忌。身在主人的地盘，对主人应当保持尊重，这是起码的礼节。所以，在谈判过程中，谈判对手不会过分侵犯主人的利益。在对手有所顾忌的情况下，我们在自己熟悉的环境内，则可以放开手脚与之一搏，赢得谈判的成功。

第二，将谈判地点选在对方不熟悉的环境内，会给对方带来一种心理压力。来到一个新环境，对方在诸多方面都会不适应，在努力调整自己的过程中，心理上也会陷入被动，从而不利于谈判场上的发挥。

第三，选择我们熟悉的环境，就好似在我们自己的地盘上。作为自己地盘上的主人，心理上自然会处于优势，也能更快进入到角色中，不用分心去适应环境。这样，在谈判中，就更容易发挥正常，打败对手。

第四，在确定好场地后，接下来还有磋商谈判议程等问题。将谈判场地选在自己熟悉的环境内，作为谈判的东道主，在很大程度上有利于对谈判议程等问题的控制，也能够根据需要营造合适的谈判气氛。

从这四点原因中可以看出，“居家优势”之所以能够发挥作用，一方面是由于在熟悉的环境内我们可以在谈判中发挥得更好。另一方面，在不熟悉的环境内，谈判对手又往往会因为心理压力而影响谈判的正常发挥。所以，无论是从哪一方面来看，谈判场地的选择都是一个必须慎之又慎的问题。

需要注意的一点是，在谈判正式开始之前，如果对方也要选择自己熟悉的环境作为谈判场地，与我们的选择相冲突，且双方都不肯让步，可以考虑选择一个中性的环境作为谈判场地，即选择双方都不熟悉或者都熟悉的环境作为谈判场地。这样，既防止了对方在“居家优势”下占得主动，也可以避免双方在谈判前就谈判场地的选择耗费过多的时间，甚至产生不必要的冲突。在双方都不熟悉的环境中，双方都不具有“居家优势”，而在双方都熟悉的环境中，这种优势则得到了对冲，谁也不能在心理上首先占得优势，谈判也就能在一种平等的条件下正常展开了。

谈判时坐在什么位置上

没有卖不出去的商品，只有卖不出去商品的销售员。

在谈判开始前的准备工作中，除了要选择合适的谈判场地，合理地安排谈判座次也是至关重要的。

首先，谈判时的座位安排，会给谈判提前制造出一种氛围。比如谈判时使用长方形桌子，把谈判双方安排在桌子两边，当双方人员就座的时候，便会产生火药味很浓的对峙感，因为这种座位安排会制造出一种很强的针锋相对的氛围。而如果换做圆形的谈判桌，那种对峙感就会降低很多，营造出一种和缓、积极的谈判氛围，像是一种和谈。所以在安排谈判座位时，一定要弄清己方想要在一种什么样的氛围下进行谈判，不同的氛围会对谈判结果产生很大影响。在这一点上，中东和会上的“T”字形谈判桌就做出了很好的示范。

20世纪90年代初期，由美国总统布什和苏联总统戈尔巴乔夫主持的中东和会在西班牙首都马德里王宫举行。这是一次为解决中东地区诸多问题而进行的国际性谈判，所以一定要让谈判在一种和平的气氛中进行。为了避免再次出现在日内瓦会议中除了美国代表外没有其他国家代表愿意与以色列代表坐在一起的尴尬一幕，谈判组织者特意设计了一种“T”字形谈判桌，以促成谈判的成功。由于使用了这种“T”字形谈判桌，以色列与其阿拉伯邻国，在历经多年的纷争状态后，得以首次坐在一张桌子上面对面地直接进行谈判，成了和会上一个不小的突破。谈判组织者以符合中东和谈目的为原则匠心独运地安排了谈判座次，使得谈判始终都处于一个比较良好的氛围内。最终，中东和谈取得了一个不错的结果。

其次，谈判时坐在什么位置上，会对谈判者的心理产生很大影响。比如一个人坐在主位和坐在末位时，心理便会截然不同。在谈判中，我们可以利用座次安排来占据心理优势，获取更多的利益。但是有时如果谈判座次安排不当，也将不利于谈判的成功。

“陈先生，王先生，这是我们公司的会客室，请进。”小林正在热情地招呼着对方公司的谈判代表。谈判还没有正式开始，小林被上级委派来接待这两位代表，小林热情地将两人请进会客室中。

“这里景色真好。”一进会客室，陈先生便发出感叹，踱步到窗前观望风景。

“是啊，从这里看出去，窗外的风景确实很不错呢。”王先生附和道。

看到两位代表如此心仪于窗外的风景，小林觉得让他们两人坐在靠门的位置应该会比较好。那里正对着窗口，一抬头就能欣赏到窗外的风景，也不用一直站在窗前那么麻烦。

“陈先生，王先生，请坐到这里吧。”小林为二位代表泡了茶，端到茶几旁。二位代表走了过来，看到小林为他们选的座位，彼此交换了一下视线。陈先生和王先生落座后，小林在他们对面的座位坐下来，他开始热情地与二位代表寒暄，可是很奇怪，两人的态度似乎没有刚才一进公司时那样友好了，对小林的问题也爱答不理，小林怀疑自己是不是怠慢了对方，但是自己一直表现得很热情，他想不出来究竟是哪里做错了。

谈判开始了，陈先生和王先生的态度始终没有和缓过来，谈判最终取得的结果也不尽如人意。上级将责任归咎到小林身上，认为他的接待工作没有做好，才使得二位代表对公司产生了抵触的情绪，最终导致谈判的失败。

小林觉得很委屈，他私下里把这件事讲给自己的同事，希望他们能帮自己分析分析。在听过小林的一番描述后，同事说道："这次接待工作，你错就错在不该让对方坐在靠门的位置。""我让他们坐在那里是为了方便他们欣赏风景啊。再说了，坐在靠门的位置又有什么不对呢？"同事回应道："房间里的座位就像饭桌上的座席，有上座和下座，你是一个接待人员，理应坐在下座。二位代表是客人，也是上宾，理应坐在上座。你却将这种座次颠倒过来，自己坐在上座，让对方坐在下座，这是一种很失礼的行为，也会让对方觉得你有失尊重。"听了这些话，小林才恍然大悟，原来座位的安排，也是如此重要！

在会见客人时，许多人不太关心主人与客人坐的位置。殊不知，座位的安排能够体现主人的礼节，也彰显着客人的身份和地位。一般来说，在房间里距离出入口较远的座位为上座，反之则为下座。在年长者来拜访时，我们尤其要注意这种座次安排上的礼节，应该让年长者坐在上座，主人坐在下座。而在上述的故事情节中，陈先生和王先生是对方公司的谈判代表，对于小林的公司来说是十分重要的客人，小林却将其安排在下座，对方自然会感到不愉快，最终影响了谈判的结果。

在安排谈判座次之前，一定要综合考虑一下己方想要一种什么样的谈判氛围，想要在谈判心理上占据多大的优势。在具体的安排中，可以参照以下几点：

1. 若想增强彼此的对抗意识，可以让谈判双方相对而坐。这种安排方式使双方面对面直接对视，容易形成剑拔弩张的氛围。如果你需要这场谈判中的双方能够针锋相对最终一较输赢，那么在谈判桌两侧布置椅子，让双方相对而坐就是一个不错的办法。

2. 若想缓解紧张的气氛，使双方情绪压力得到缓解，可以使用圆形谈判桌。这种安排方式适合于营造友好、合作的谈判氛围。在圆形的谈判桌上，双方代表座位将不分主次，彼此处于一个平等的地位上。而且，圆形谈判桌的弧度使得双方代表避免了直接面对面而坐，气氛不会过于紧张。双方谈判人员围成一个圆圈坐定，彼此之间也能够及时交换意见和沟通感情。所以，如果你希望促成与谈判对手的合作，或是要进行一场和解性的谈判，可以选择圆形谈判桌。

3. 若想使东道主一方在心理上处于优势地位，可以让东道主位于主位。这种安排方式可以增强谈判中东道主的实力，所以，如果谈判场地是由你选定，在你所熟悉的环境内，不妨让谈判小组坐在主位的位置上，这样可以增强谈判小组的整体气势，在心理上占据优势。如果谈判是在你的办公室中展开，那么你可以选择坐在办公桌后面，这也是一个主位，可以彰显你东道主的优势。

首因效应：给对方留下好印象

一个响亮的名字，整洁大方的仪表，在很多场合都是非常重要的。

首因效应也叫第一印象，是指人们在第一次见面时给对方留下的印象，会在对方心中占据主导地位。经过研究表明，这种第一印象在人际交往中持续的时间最长，作用也最强，比之后得到的信息对于一个人的整体印象所产生的作用都要强。我们在第一次与某人接触时留下的印象，通常会决定着对方对我们的整体评价，也决定着我们是否能被对方所记住，如果想在对方心目中留下一个好的印象，第一次见面尤为重要，它对你在对方心目中的整体形象有着举足轻重的影响。在日常生活中，充满自信，仪态优雅，语言风趣，态度热情的人，容易给人留下不错的第一印象。

根据首因效应，在谈判中初次见面的双方谈判代表是否能给对方留下好的第一印象，是非常重要的。如果在初次与谈判对手见面时，谈判者能够在行为举止上表现得落落大方，充满自信的气场与专业的态度，就能够给对方留下正面的第一印象。相反，如果谈判者表现得畏畏缩缩，或是在细节上暴露出自己不为人喜的缺点，会给谈判对手留下一个负面的第一印象。根据心理学的观点，当一方给另一方的感觉或印象较好时，他所提出的要求会更容易得到对方的回应，他提出的建议也更有可能得到对方积极的回应。因此，当谈判者给谈判对手留下一个较好的第一印象时，会对谈判的顺利展开产生积极的影响，有利于在谈判中赢得成功。而当谈判者给谈判对手留下的第一印象较差时，将不利于谈判的顺利进行，在接下来的时间内，也很难扭转谈判对手对自己的整体评价。

陈林是公司的部门经理。在工作上，他一直表现得十分优秀，各方面能力都很强，公司领导也经常对他委以重任。一次，公司决定委派他作为谈判代表去与另一家公司进行谈判。

在谈判正式开始之前，对方公司代表王强有意识地搜集了一些谈判对手的资料。他发现自己即将面对的谈判对手陈林无论是在工作履历还是能力上都非常地出色，这让王强心生好感，觉得能与这样一位优秀的谈判对手进行磋商将会是自己一次难忘的职场经历。

怀着期待，王强来到了谈判场所。没想到，在真正见到这位谈判对手后，王强对他的好感大打折扣，甚至可以说是丧失殆尽了。这位让自己期待已久的谈判对手，以一副不修边幅的形象出现在他的面前：穿着一件皱巴巴的西装，没有系领带，头发油腻，脸上的胡楂也没有剃干净。坐在自己对面后，他也是一副吊儿郎当的样子，坐姿十分不雅。这样的形象引起了王强心底的反感，谈判还没有开始，他便借故推迟了正式的谈判时间。后来，王强向对方公司提出，只有对方公司更换谈判代表，谈判才能够继续进行。最终，陈林因为没有能够完成上级委派的任务，受到了相应的责罚。

在谈判桌上，服饰、发型、动作等都代表着个人形象，在这些方面不加注意，便很难给对方留下一个好的印象。上述情节中王强的谈判对手形象邋里邋遢，使得陈林心生反感，对他的第一印象很不好，最终甚至要求对方公司更换谈判代表。这位谈判对手可能在能力上很优秀，但是由于给对方留下了糟糕的第一印象，能力再好，也最终没有用武之地。可见，在谈判场上给谈判对手留下好的第一印象十分重要。

要想在初次见面时给谈判对手留下一个好的第一印象，要在自身的服饰造型、行为动作、语言上多加注意。

首先，在服饰造型方面，应该选择颜色暗一些的服装，比如黑色、灰色、咖啡色，这种颜色的服装符合谈判场严肃的氛围，能够营造出一个专业谈判人员的形象。女士在选择服装时，颜色不可过于亮丽，否则会给人以不庄重的感觉。在服装造型的选择上，男女士都应当着正装，男士在选择领带时，领带的颜色应该与西服颜色相配，不和谐的配色看起来会让人觉得很不舒服。谈判小组成员的服装虽然不必完全统一，但是一个小组里也不应当有过多的颜色，否则会显得不够和谐。在着装的细节上，切忌正装表面上有较多褶皱，或是皮鞋黯淡无光等，这样的细节如果不处理好，会给人以邋遢的感觉。

其次，从行为动作方面来说，良好的行为举止能够体现出一个人的风度，相反，则会让人觉得粗俗而没有教养。俗话说，站有站相坐有坐相。在谈判场上，你的行为动作时时都处于对手的关注之中，所以无论是坐、立、行，都应当有一个端正的姿势，应该给人以大方得体的感觉。站立的时候要笔直，不要在谈判场合倚靠着墙壁等东西站立。坐的时候不要做出跷脚或抖脚这样的小动作，否则会给人以懒散不认真的感觉。走路的时候，上身要保持挺拔的姿势，目光平视前方，双臂自然下垂，摆动大腿关节使步伐敏捷轻盈。在与对方握手时，过于用力会引起对方疼痛，力度过轻又会让对方觉得你不愿意与其接触。所以，力度一定要把握好。切忌握手时不看着对方而是望着别处，这样会显得心不在焉，引起对方反感。一般来说，东道主一方会先伸出手，所以，另一方最好等到他们主动伸出手后再与其握手。在双方沟通的过程中，在倾听对方发言时，应当身体前倾，头部微微向前伸，这种动作能够让对方感觉到你是在认真倾听，容易赢得对方的信任。此外，在谈判场合上与异性之间的交往要拿捏好分寸，过于亲密的举止动作，既会让人觉得轻浮，也可能会带来不必要的误会。

最后，在谈判中，语言的得体也十分重要。在双方见面介绍时，按照西方国家的惯例，应该首先将职位低的谈判代表介绍给职位高的谈判代表，或是先将年龄小的介绍给年龄大的，也可以首先将谈判代表中的男性介绍给谈判代表中的女性，这都是比较得体的介绍方式。初次见面时最好避免说一些“哎”“哇”的感叹词，这种词说多了会让人觉得你不够沉稳，不值得信任。在用词上切忌使用粗俗的言辞，毕竟谈判是一件严肃、正式的事情，文明、礼貌的语言有利于塑造一个良性的谈判氛围。

积极营造谈判氛围的艺术

人可以创造环境。

谈判气氛是指在谈判现场能够影响谈判进程和谈判结果的心理因素的总和。影响一场谈判的心理因素是多种多样的，这些因素也在随着谈判形势的变化而变化。谈判气氛在一定程度上影响着谈判场上每一个人的情绪和感受，所以，营造一个合适的谈判氛围，能够影响谈判对手对彼此的态度，进而影响整个谈判的结果。

谈判刚刚开始，双方代表都进入到了谈判场地。A 方代表一副冷冰冰的面孔，没有任何表情，谈判气氛在他的这种态度下立时变得冰冷。B 方代表心底很疑惑，自己进入到场地后，并没有做过什么不当的行为得罪对方，对方摆出这样的态度是因为什么呢？B 方代表仔细回忆了一下自己看过的关于对方代表的个人资料，终于，他想到，A 方代表在谈判中惯用的策略就是给对手施加心理压力。所以，A 方代表现在的态度，一定是想让谈判气氛变得紧张而冰冷，给自己施加心理压力，他自己就可以乘机占据心理优势。明白了对方的意图后，B 方代表不动声色，暗暗想出了一个应对对方这种策略的好招。

“在谈判开始之前，我有一个不情之请，希望您能答应。”B 方代表说。

A 方代表有些诧异，问道："什么请求？"

"是这样的，明天是我儿子的满月宴，我非常希望您能去参加。"

"我们今天是初次见面，为什么一定要我去参加呢？"

"虽然现在在这个谈判桌上我们是对手，但是谈判结束后，我们也可以是朋友，您说呢？而且，我的孩子刚刚满月，我心里真的很高兴，恨不得让所有的人都能够与我分享这份喜悦。"

听到对方提到孩子，对方的表情明显有了变化："是啊，孩子刚出生的时候，确实是恨不得让所有人都知道呢。不瞒你说，我的妻子最近也刚刚生产，为我生了个大胖小子。"

接下来，A 方代表的话开始多了起来，与 B 方代表就孩子的话题相谈甚欢，谈判场上冰冷的气氛也不知不觉变成了愉悦、轻松的氛围。原来，B 方代表在回忆对方代表的个人资料时，想起对方最近喜得贵子，恰好自己的儿子也快办满月宴了，便想到用孩子这一话题来引起对方的共鸣，最终化解谈判场上冰冷的氛围。

在上述情节中，A 方与 B 方分别致力于营造不同的谈判氛围。A 方的谈判策略是希望能够给对手施加心理压力，让对手处于一种紧张的状态中，因此他致力于营造一种冰冷的谈判氛围。而 B 方并不希望 A 方的这种策略奏效，因此，他的策略就是努力营造出愉悦、友好的合作氛围，将 B 方营造出的冰冷氛围化解掉。从这个例子中可以看出，在谈判场上，营造一种什么样的谈判氛围，要视双方各自的谈判目标、谈判策略等因素而定，只有综合考虑后，才能营造出对谈判成功最有利的谈判氛围。

总的来说，谈判氛围可以分为高调、低调、自然三种。高调气氛是指轻松、愉快、友好、合作型的谈判氛围，在这种氛围下，谈判双方的情绪都会比较积极、正面，有利于协议的达成。低调气氛是指严肃、低落、冰冷的谈判氛围，在这种氛围下，谈判双方都会有较大的心理压力，心理承受力弱的一方往往会妥协让步。在谈判中营造自然气氛是指谈判气氛既不过分高调也不过分低调，介于两者之间。这种气氛无须刻意营造，大部分谈判都是在这种气氛中进行的。在这种气氛下，谈判双方的情绪都比较平和，有利于谈判中的磋商。在具体的谈判过程中，是选择营造高调、低调还是自然的谈判氛围，可以从谈判双方的业务关系、双方的谈判实力这两方面来考虑。

一方面，可以根据谈判双方之间的关系来建立合适的谈判气氛。当谈判双方之间曾经有过良好的业务合作往来时，应该营造出一种高调的谈判气氛。当谈判者的语言十分友好、真诚时，可以消除对手的戒备心理，缓解对方的情绪，使得谈判场上弥漫出一种轻松、愉快的氛围。在营造这种氛围的过程中，可以考虑用适当称赞对方的方式来博得对方好感，调动对方的情绪。或是用历史回顾法，与对方共同回忆过去合作过的愉快经历来使气氛热烈起来。当谈判双方虽然有过业务往来但关系一般时，谈判气氛应该保持在一个自然的状态内。以中性的话题作为开场白与谈判对手简单寒暄，谈判过程中也没必要过分地联络感情，在合适的时候，就应当展开实质性的谈判。当谈判双方有过不太愉快的合作经历时，应当营造出一种低调的谈判氛围。气氛应当严肃、凝重，措辞严谨，与对方保持一定的距离。这种气氛的营造可以考虑用责难的方法，在开局时就对方的某一错误进行责难，使对方产生消极的情感。或者在谈判中该发言的时刻采取沉默的态度，使谈判气氛降温，向对手施加心理压力。此外，在谈判中还可以使用疲劳战术，反复就某个问题与对方进行纠缠，激起对方的负面情绪。

另一方面，可以依据谈判双方的实力来营造合适的谈判气氛。当双方谈判实力大致均衡时，应当致力于营造高调的谈判气氛。这是因为在双方实力相当的前提下，如果营造低调气氛会使双方产生针锋相对的心理，最终会导致两败俱伤。当一方谈判实力明显弱于另一方时，实力较弱的一方应当在努力营造高调气氛的同时，向对方表明自信、自强的态度。而实力较强的一方，应当在营造低调氛围以威慑对方的同时，采用礼貌的语言和姿态。

破冰期，要尽量拉近距离

你要的不是崭新的开始。你要的是行动。从而转向一个崭新的结局。

在谈判正式开始之前，有一段谈判开始前的“热身”，也叫作谈判“破冰期”。在这一阶段谈判双方代表会互相打招呼，进行简单的寒暄，是谈判在正式涉入正题前的过渡阶段。对于谈判不熟悉的人会认为这只是谈判中的一个小环节，但实际上它对整个谈判进程有着很重要的影响。通过谈判“破冰期”，能够让谈判双方在谈判正式开始之前对彼此有一个大致的了解，熟悉对方的语言交流方式。此外，也可以让谈判双方通过题外的交流，了解对方的性格特点，使得双方可以在谈判中根据对手特点制订相应的谈判策略。而且，通过这样一段与谈判议题看似无关的交流，也可以避免谈判双方在开局时直奔主题引起的紧张感，降低谈判为双方带来的心理压力，用一种自然的方式将谈判过渡到正式开局的阶段。

阿林被公司委派作为代表与对方公司就一项商务合作进行谈判。进入谈判场地后，他看见自己的谈判对手是一个面色苍白的年轻人。

“你好。”阿林向对方伸出手。年轻人也连忙伸出手与阿林相握。阿林发觉年轻人的手冰凉，手心似乎有冷汗冒出，他当即明白，对方大概是经验不足的谈判新手，面对这样的谈判场合，心里十分紧张。阿林想，这次的商务合作需要谈判双方能够进行充分的磋商以达成一致，如果这位谈判对手一直保持这样的状态，对待会儿进入正题后的磋商会很不利。于是，阿林决定通过开场的寒暄来消除对方的紧张之感。

“我猜你是湖南人吧。”阿林说道。

“没错啊，您是怎么猜到的？”

“我是从你说话的口音中猜到的。我曾经去湖南那一带旅游过几次，对那里说话的口音很熟悉。”

“是吗？您都去过湖南的哪些地方啊？”

如此一来二往，年轻的谈判对手对阿林心生好感，紧张感也逐渐消除了。在正式进入谈判后，双方展开了充分的磋商，最终，谈判成功了。

在谈判正式开始前的寒暄，是消除谈判双方紧张情绪的良好契机。通过简单的问候，聊一些轻松的话题，可以很快地消除对方的戒备心理。而且，主动与对方寒暄，可以博得对方的好感，赢得对方的信赖。除此之外，谈判之前的这段闲聊也是观察对方的一个好时机，通过与对方的寒暄，能够大致掌握对方的情绪与个性特征，获取对自己有用的信息。

小王想要进一批货，他来到市场，一个批发商主动向他搭话。“你是最近才开始做生意的吧，以前我都没有见过你。”批发商说。

小王刚刚创业不久，步履维艰，难得见到一个批发商对自己如此热情主动，便与对方攀谈起来。“是啊，我是第一次来这个市场，也不知道这里大致是个什么情况。”小王说。

“我在这里做生意很长时间了，大致情况都很了解，你有什么都可以问我。”

“那真是太感谢了。我想要进一批货，但是又不知道这里的行情。”

“你准备以多少钱的价格进货？”批发商问道。

小王把自己能承受的价格如实相告，批发商想了想，说：“我对这里的行情很了解，以你的价格，在这里是买不到什么好货的。”

“真的吗？可是这是我能承受的最高价格了。”

看到小王面露难色，批发商说道：“这样吧，我可以吃亏一些让你从我这里拿货。但是有个条件，就是你以后的货物都要从我这里批发，你看怎么样？”

小王心底一时没了主意，但是想到自己从别的批发商那里会以更高的价格拿货，他狠下心来，同意了批发商的条件。

在这段情节中，批发商与小王之间一段看似不经意的寒暄，其实都是他在查探对方的状况。通过闲聊式的对话，批发商得到一些重要的信息：小王刚刚开始做生意，对市场的行情不了解。而且，批发商也了解到了小王能够承受的最高价格。有了这些信息，批发商利用小王经验上的欠缺和信息的不足，最终达到了自己的目的。在这一过程中，看似不经意的寒暄，却成了获取信息的重要手段。可见，谈判开局前的“热身”，是了解谈判对手的一个重要的方式。

在谈判“破冰期”，保持一个平稳的心态十分重要。许多经验不足的谈判者，都会在这一阶段由于心情紧张而手足无措，无法选择合适的话题与对方寒暄，导致双方陷入一种尴尬的状态。在这种情况下，要努力让自己抛开顾虑，大胆地与对方交流。双方在一开始就陷入冷场，对接下来的谈判十分不利，为了避免这种状况，就要在谈判开始前努力克服自己的紧张情绪，以自信、大方的态度应对谈判“破冰期”。

好的话题能够瞬间打开双方的话匣子，气氛也会得到相应的缓和。相反，有些话题让对方无法畅所欲言，很容易就会导致冷场。寻找好的话题有赖于敏锐的观察力，像上面第一段故事中，阿林能够缓和对方的紧张情绪，就是因为从口音中听出了对方是湖南人，从而找到了与对方寒暄的合适话题。所以，初次见到对方后，一定要细心观察对方的言行举止，从中寻找线索打开话题。另外，谈判者对于谈判话题的选择，一定要谨慎三思。虽然这一阶段的交流主要是寒暄和闲聊，但实际上你的每一句话都会被对方再三斟酌，如果在谈话中不小心暴露过多信息为对方所用，将不利于谈判的成功。

另外，在谈判“破冰期”中，切忌急于进入谈判正题。如果对这一阶段的实际作用没有一个正确的认识，很容易就会产生这种心理。俗话说“欲速则不达”，过于着急反而会弄巧成拙，在没有和对方充分沟通感情的情况下就进入正式的谈判中，往往会使双方在交流上产生诸多问题。

最后，需要注意的一点是谈判“破冰期”时间的掌控。谈判“破冰期”的时间过长，会让对方产生厌烦的感觉，谈判效率也大大降低。时间过短，又会让对方有仓促之感，为谈判“热身”的目的也不一定能够达到。一般情况下，谈判“破冰期”的时间应该控制在谈判全部时长的 2% ~ 5%。不过，在具体的谈判过程中，这不是一个严格的标准，谈判者还是应当随机应变，综合谈判现场的各种因素来最终确定谈判“破冰期”的时长。

第三章　气质类型反映对手谈判特点

人们为了达到简化的目的，试着把人类分为多种类型。东方星象学家以风水土火这四大元素为依据进行分类，这是人类已知历史最悠久的分类方法。之后有一种分类将四种性格对应着人体的四种体液，希腊人在医学领域以生理学术语为依据，将它们分成了四大类型，分别是黏液质、多血质、胆汁质、抑郁质。

THREE

气质不同，思维方式必然不同

向外看的人是在梦中，向内看的人是清醒的人。

——荣格

气质，从心理学上说，是指人在生理心理方面所展现出的相当稳定的个性特点。在生活中，我们会发现，不同的人往往会展现出不同的气质特点。有的人比较安静，温文尔雅，做起事来谨慎细心。有的人不拘小节，慷慨大气，但是做事往往粗枝大叶、马虎粗心。有的人敏感孤僻，胆小自卑，在关键时刻总是犹豫不决。有的人冷漠拘谨，喜怒不形于色，不轻易表露自己的心情。这些不同的气质特点仿佛一道道标签，彰显着不同人的性格特征。

俗话说，看人下菜碟。面对不同气质的人，我们往往会采取不同的交往方式。对敏感孤僻的人可以多采取一些主动，在热情豪爽的人面前可以少一些顾忌，将工作交给谨慎细心的人我们能够放心，对于做事马虎的人要多一些叮嘱。如此这般，人的气质影响着生活的方方面面。那么在谈判中，谈判对手的不同气质，又是否会影响你的谈判策略呢？

气质学说是由公元前 5 世纪古希腊的著名医生希波克拉底提出的，他将人分为四种，多血质、胆汁质、黏液质和抑郁质。这种分类的基础是人体内的四种体液的混合比例。他认为人体内有血液、黏液、黄胆汁、黑胆汁四种体液，血液在体内占优势的人是多血质，黏液在人体占据优势的是黏液质，黑胆汁占优势的人是抑郁质，黄胆汁占优势的则是胆汁质。这种分类方式一直被后人沿用至今。在我国古代，思想家孔子也曾提出类似的气质分类学说。他把人分为“狂”“狷”“中行”三类。具有“狂”气质的人积极进取、志向远大，感情激烈。与之相反，具有“狷”气质的人比较谨慎拘谨。“中行”的人则介于两者之间，类似我们常说的中庸之人。

对手的气质类型能够相应地反映出对手的谈判特点，根据气质分类学说可以大致判定一个人的气质类型。但是有一点需要特别注意的是，气质分类学说只是一种概括型的理论说法。实际情况是，人们往往会综合具有好几种气质，但是其中某一种或多种气质特点会表现得比较突出。比如，某人在生活中表现得性格爽朗，感情激烈，是典型的胆汁质型气质。但是在工作中，他做起事来却从不感情用事，而是谨小慎微，让人非常乐意将工作交给他。在这一方面，他又兼具黏液质的气质特点。所以，简单地将他划分为胆汁质或黏液质的人显然都不合适，将这两种气质综合起来考量才更有利于了解对方。

A公司和B公司即将进行一场谈判，谈判之前，A公司代表无意间遇到了一件“小事”。这一日，A公司代表到餐馆用餐。餐馆内人声鼎沸，服务员忙碌地穿梭于餐桌间，时有不小心与某位客人碰到的情况发生。“咣当”，盘子摔到地上的声音传来。A公司代表循着声音望去。只见一个服务员正紧张地看着他对面的一位客人，客人身上雪白的衬衣已经被油腻的污渍弄脏了一大片。A 公司代表心想："恐怕这位客人要大闹一场了。"但是，接下来事情却并没有像他预想的那样发展。服务员慌忙向客人道歉，而那位客人却表现得很宽容，没有一丁点儿责怪他的意思。客人拿起桌上的餐巾纸，一边擦着油渍一边对服务员说："没事的，我擦一下就好了。"服务员说："我帮您洗一下吧，不然衣服上有这么大一片污渍，您待会儿怎么出餐馆呢？"客人笑着挥挥手："不用不用，小事一桩，我还是回家自己洗吧。"事情到这里画上了句号。服务员重归工作岗位，客人继续用餐。而在 A 公司代表的心里，那位客人的大度与随和也给他留下了很深刻的印象。

到了谈判开始的那一天，A 公司代表进入谈判场地。看到对方代表，A 公司代表心里不禁一动。因为站在他面前的 B 公司代表，正是那天在餐馆碰到的大度的客人。虽然对方尽量表现得不让别人看出他真实的本性，但是回想那天 B 公司代表在餐馆中的言行，A 公司代表断定，在对方身上，一定有着典型的多血质特征。心里有了这样的定论，在接下来几天的谈判中，A 公司代表与公司团队分析了应对多血质型对手的谈判策略，并且应用到与 B 公司的谈判中。果然，这些针对 B 公司代表制定的策略效果都非常不错，最终，A 公司在谈判中得到了令人满意的结果。

从上面的情节中，我们可以很清楚地看到了解谈判对手气质的重要性。不同的人有不同的气质，不同的气质对应着不同的做事方式，一旦了解了对方的气质特征，就可以顺藤摸瓜推测出对方在谈判中的行事特点。在这种情况下，我们不仅能够顺应对方心理特点建立一个让对方感到融洽的谈判关系，也能够未雨绸缪，提前制定出谈判的策略。

谈判是一个心理较量的过程。要想在谈判中取胜，了解你的谈判对手的心理是非常重要的一个方面。一个人的言行举止往往都带有某种习惯性的特征，无论是在谈判之前还是在谈判过程中，我们一定要细心观察谈判对手的表现，从中揣摩对手的气质特征。他是个什么样的人呢？他说这句话是否表明他是个多血质气质突出的人？他做这个动作是否说明他有胆汁质的特征？他不怎么说话，是否是典型的黏液质的人？通过这样细心地观察和推敲，就会渐渐了解到对方的气质特点，在这一基础上再制定你的谈判策略，将会事半功倍。

多血质的谈判对手

你的对手是多血质类型吗?

多血质的人在情感上比较丰富。他们喜怒无常，情绪来得快去得也快，有时候会让人感觉有些“神经质”，但其实那只是他们感情富于变化的表现。在社交上，他们很善于处理人际交往的问题，也很愿意把时间花费在处理好与他人的人际关系上。一般情况下，他们对朋友都会表现得比较温和，让人心生好感，希望和他们有进一步的交往。他们在性格上表现得活泼好动，思维灵活，会给人留下“聪明人”的印象。

多血质的人还十分善于迎合别人，可以很容易博得他人的好感，让对方不知不觉就成为他的朋友。他们能够非常快地适应新的环境，随遇而安，擅长与各种各样的人打交道。在工作和生活中，他们的注意力往往容易分散，兴趣广泛却缺少专注性。在言行举止上，多血质的人动作行为十分敏捷，会给人以“动作很快”的印象。他们的说话速度也非常快，而且语调丰富，抑扬顿挫明显，有时候会带有戏剧性的夸张，看起来像演员在演戏。他们充满活力，面部表情十分丰富。在与他人交过的过程中，他们的态度热情、友好，能说会道，能够轻易拉近对方与自己的距离。

此外，多血质的人也有着十分明显的性格缺点。他们的热情来得快，去得也快。所以一开始的时候会以极大的积极性投入到工作中，但是这种热情会随着工作的展开渐渐被磨灭，这使得他们的工作积极性带有明显的周期性。他们的注意力和兴趣转移十分频繁，今天喜欢这个，明天又会对那个感兴趣，很少会长时间关注某一事物，这让他们在很多方面都表现得没有毅力，缺乏稳定性，给人留下“三天打鱼两天晒网”的印象。

在上述性格特征的造就下，多血质的人在谈判中会表现出这样的特点：他们在谈判中表现出很强的决策能力，能够果断下决心，在谈判关键时刻具有决断力。善于发现对手的兴趣所在，迎合对手，博得对方好感，在谈判场上充满个人魅力。由于他们情感丰富又易于波动，所以往往会在情绪最激动的时候达成谈判，这一特点往往会被对手利用，乘虚而入。他们自信心较强，不盲从他人，有自己的主见，能够在谈判决策上三思而后行，谨慎做出最后的决定。他们不太注重承诺，往往会有不履行协议这样的恶习，易招致骂名。他们在谈判中太注重于表现自己，往往顾此失彼，失去了关注对手表现的时机。他们对谈判的细节问题不感兴趣，对数字推敲不仔细，不愿意在细节上过分纠缠。多血质的人还无法适应冲突的氛围，一旦谈判陷入冲突中，就会不知所措。对于谈判话题，喜欢东打一枪西打一枪，对问题研究不够深入。过分热心于同谈判对手搞好关系，不愿意主动做出攻击。无法适应没有同伴的谈判局面，对于一对一型的谈判会感到有压力。

在应对多血质的谈判对手时，一定要结合他们的特点综合考虑谈判策略。

1. 针对多血质谈判对手的冒险心理，不妨在谈判中设计一些环节激起他们的兴趣。利用“谈判到了最关键的时刻”这样的句式来挑起他们的挑战欲。另外，也可以用周密的证据向他们展现己方的实力，让他们有“放手一搏”的冒险心理出现。

2. 多血质的人骄傲自信，喜欢听奉承话。所以，在谈判之前要根据对手心理适当准备一些得体的称赞，给对方戴高帽，让对方情绪高涨。但是，这些恭维话一定要说得恰到好处，过分的恭维会让对手看出破绽，产生警惕之心。

3. 多血质的人善于处理人际关系，但是在谈判桌上，这也可能会是他们的缺点。如果己方在资料、证据、细节等问题上诚意恳求对方的解释，为了搞好与己方的关系，对方必定会应允。在这种情况下，己方将会掌握更加完备的信息。在对方解释的过程中，也能够发现更多的问题，使对方陷入被动的状态。

4. 多血质的人情绪敏感，对暗示性信息比较在意。所以，在一些非正式的场合，让与谈判相关的人员有意地透露一些小道消息。多血质谈判对手接收到这些消息，凭他们敏感的本性会信以为真，陷入对方预先设计好的陷阱中。

5. 多血质的人非常注重人际关系，这也使得他们无论是在生活还是在工作中都不缺少同伴。因此，对于他们来说，如果有并肩作战的人在身旁，他们在谈判时将会信心大增。相应地，孤身一人也会给他们带来心理压力，使他们没有安全感。所以，谈判者不妨努力促成一对一的谈判局面，让多血质的谈判对手独自面对谈判，使其无法发挥优势，谈判能力受到影响。

6. 多血质的人希望营造出良好的人际关系，无法适应谈判中的冲突氛围。因此，不妨故意制造一些争端，让谈判氛围变得紧张。在冲突的局面下，多血质谈判对手将会感到心理压力，阵脚大乱，不知所措。在这种情况下，谈判者可以乘虚而入。

7. 针对多血质谈判对手不注重承诺的特点，应该注意在协议上规定好相关条款，保证协议能够正常履行，以免带来不必要的损失。

8. 多血质的人不注重细节，了解问题不够深刻。如果在这一点上做文章，很容易就会让对方陷入被动。因此，谈判者可以在谈判细节问题上设置一些陷阱，让对方在麻痹大意中掉入陷阱。另外，还可以利用众多细节上的问题来让对方产生厌烦之感，看准时机促成谈判。

胆汁质的谈判对手

你的对手是胆汁质类型吗?

胆汁质的人情感十分激烈。他们往往性情急躁，容易冲动，时常会控制不住自己，这会让他们有一个“坏脾气”的名声。在外人看来，他们豪爽、热情，显得十分讲义气，让人十分乐于与他们交朋友。但是有时候在人际关系中他们过于坚持自己的原则，缺乏柔和性。不过，这也使得他们会让人产生值得信赖的感觉。一旦与胆汁质的人做朋友，便会拥有一段十分坚固牢靠的关系，不会轻易破裂。他们还拥有极强的自尊心，喜欢竞争，绝对忍受不了自己被打败。以自我为中心，有的时候会表现得很霸道。他们的精力很旺盛，办事讲究效率，不喜欢拖拖拉拉。工作积极性特别强，但是这种热情通常不会持续太长时间。他们的挑战欲很强，喜欢冒险性的活动，甚至在日常生活中，也会时常抱着一颗冒险之心。他们讨厌细节，不希望自己陷入到琐事中。有极强的忍耐力，能吃苦，能迅速对事情做出反应，但准确度和灵活度都不够。

胆汁质的人说话声音很大，俗称“大嗓门”，如果你在公众场合发现某人旁若无人地讲话，声音大得令人侧目，那么首先就可以考虑一下他会不会是胆汁质。在说话的速度上，他们也像连珠炮一般一口气能说很多话。他们与人交谈往往直入主题，不会兜太多的圈子，语句十分简短，不会文绉绉地说话，但是别人能很快就理解他们想要表达的意思。在说话上，他们往往有一个缺点，就是语气不太友好。也许他们的本意并不是如此，但是在交谈的对象听来，他们似乎总是在质问别人，这会让人感觉不舒服。他们喜欢有话直说，不太在意对方的感受。

这些气质特征使得他们有一些性格弱点。比如，缺乏警惕性。冒险和挑战的欲望让他们常常不顾代价地做事情，即使明知道结果很可能会不尽如人意，也要大胆地去挑战一下。他们没有耐心，面对自己觉得枯燥的事物，便提不起一点儿兴趣。而且，对于“冲动”这个情绪上的魔鬼，他们几乎没有一点儿抵抗能力。易于冲动是他们的行事风格，他们经常会有控制不住自己的时候。控制欲太强也是他们的一大弱点，他们的控制欲不仅体现在工作中，在生活上，他们也只喜欢当主角，当统治者，对身边的人发号施令，让身边的人都不得不听他们的指挥，按他们的意愿行事。

胆汁质的人在谈判中喜欢主导一切，努力要向对手发号施令，操纵对手的行为。一旦在谈判中取得优势地位，他们会充分运用优势逼迫对方让步，不给对方留下任何余地。而且，在利益面前，他们会不惜一切代价进行争取，有的时候甚至会不择手段。他们对于谈判求胜心切，不能容忍拖延，总是迅速地决策和行动。因为有极强的挑战欲，他们不喜欢谈判过程太容易，只有进展曲折的讨价还价过程才会让他们觉得有成就感。他们缺乏耐心，不喜欢细心地去理解问题，往往一带而过。粗枝大叶让他们往往考虑问题不够细致，在谈判中容易在细节上露出破绽，让对手有可乘之机。胆汁质的人在谈判中往往带有强烈的个人感情色彩，他们喜欢真诚地发表自己的意见，但有时也会给人留下主观任性的印象。

在谈判中遇到胆汁质的人时，可以考虑如下心理策略：

1. 针对他们极强的控制欲，在谈判过程中，可以投其所好，表现出对他们的尊崇。在一些无关痛痒的小事上让他们主导，会满足他们渴望控制别人的权力欲。让他们沉湎于自己的权力欲中，就相当于给他们喝了一碗迷魂汤，让他们以为自己已经占据了上风，看不清真实情况。

2. 胆汁质的人感情激烈、易冲动。与这样的对手进行谈判，如果在情绪上不加以控制，很容易就会与其发生冲突。因此，不妨反其道而行之，利用与对手截然不同的稳定态度，耐心地引导对手的情绪，使谈判进入到一个良好的局面。

3. 切忌不可在对方表现强硬时示弱，因为胆汁质的谈判对手本来就有很强的控制欲，一旦你屈服，他们就会变本加厉地将你逼得没有退路，最终得到自己想要的。在这种情况下，要以冷静的心理，不屈服的态度进行回击。胆汁质的人不擅长长期战争，在进与退之间拖延得久了，他们缺乏耐心与毅力的缺点就会显现出来，最终让对手占据上风。

4. 需要胆汁质的人有强烈的情绪波动时，可以用激将法进行刺激。用一些与“自尊”“能力”相关的语句来激起对方的好胜之心，使其产生情绪波动。不过这种刺激一定要掌握好火候。太小的刺激，不会对谈判局面造成太大的影响。而过于大的刺激，又很可能会导致谈判局面的失控。

5. 胆汁质的人讨厌细节，不愿意在细节问题上过分纠缠，可以根据他们的这一特点，准备大量细节问题，在谈判过程中在细节上与之反复纠缠，直至将他们的耐心消耗殆尽。在这种时候，胆汁质谈判对手会感到厌烦，心里产生希望谈判赶快结束的想法，而这也正是乘虚而入的一个好时机。

6. 合适的氛围对谈判有十分重要的影响。在一个真诚、率直的谈判氛围中，胆汁质的谈判对手会觉得如鱼得水。因为他们的性格爽直，本就喜欢干脆利落的谈判气氛。如果能够创造出这样一种气氛，投其所好，将有利于双方的磋商。

黏液质的谈判对手

你的对手是黏液质类型吗?

黏液质的人在心理活动特征上总体表现比较内向。他们对人的情感一般很真挚，但是轻易不外露，让人觉得他们喜怒不形于色。在任何情况下，他们都能保持自己的心理平衡。这种人一旦专注于某件事情，除非最终完成，不然很难再把关注点转移到其他事物上面。他们很少冲动，即使有也会很快自行抑制，不让外人感觉到太大的情绪波澜。他们对于事物的理解十分有深度，能够了解问题的关键所在，看清事物的本质。他们的决策过程很慢，固执倔强，一旦下定决心便不会轻易改变。黏液质的人善于忍耐，能够在自己的岗位上默默耕耘而不会觉得辛苦。对于新鲜事物，他们一般不会有太大的兴趣。他们不喜欢挑战，做事也缺乏创造力，往往倾向于按部就班的工作。

平时，他们不大爱说话，沉默寡言，面部表情也十分冷淡，会给人以一种捉摸不透的感觉。很多时候他们的反应都比较慢，理解事物需要比别人花更长的时间。黏液质的人讲话方式都是慢条斯理的，声音不会很大，只要对方能够听清就可以了。他们的行为动作也是不急不缓的，什么时候都是一派镇定自若的表现，很难看见他们会着急忙慌地做什么事情。在与他人的交往上，他们的态度很友好，但也不会急着拉近与他人的关系。他们更倾向于一种“细水长流”的交往方式，通过顺其自然的接触，建立与他人之间的关系。

在平时做事中，他们表现得非常谨慎细致，但是拒绝冒险的性格会让他们显得非常保守。他们对于新提议、新想法，会有一种本能的抵触，这常常会导致他们的生活缺乏变化，让人觉得有些单调乏味。而且，他们非常不善于从全局去考虑问题，没有掌控重大问题的能力，在需要做出决断时也显得犹犹豫豫，不愿意做出决策。对于环境，他们的适应能力很差，变化会让他们不知所措，宁愿保持现状。

黏液质的人是属于典型的安静型气质，整体气质内敛，与胆汁质、多血质型的人有明显的区别。在谈判过程中，他们表现得保守而固执，对于上司的命令绝对是百分之百服从。只要在谈判前有预先定好的目标，在谈判过程中他们将全力以赴。耐性是他们制胜的法宝。在谈判中，他们给人以从容不迫的印象，很少表现出慌乱、着急的神色，让人觉得他们处变不惊。他们一旦在谈判中有了决策，就会坚持不懈地执行下去，很少有对手能拼得过他们的韧性与耐力。即使在谈判中遇到困难和挫折，他们也决不放弃。

对于谈判中的细节问题，他们表现出超乎寻常的谨慎与细致，会仔细推敲合同条款，周密思虑以后再行事。他们不喜欢在谈判中表现自己，更愿意倾听对手的发言和观察对手的表现，从中分析对方策略。在谈判中，他们不太注重人际关系上的协调，更喜欢公事公办，对于对手的讨好会毫不领情。与黏液质谈判对手合作，在最终协议的签订上他们会表现得十分犹豫，不够果断，很有可能会随时打消合作念头。即使双方最终达成了协议，黏液质谈判对手也有可能会因为后悔而取消协议。

如果遇到黏液质的谈判对手，可以考虑如下策略：

1. 在谈判时间上做文章。黏液质的人优势就在于耐力很好，有坚持到底的韧性和决心。所以，长时间的谈判只会让他们的优势表现得越来越明显，气势也越来越强。如果能够缩短谈判时间，利用速战速决的策略，将会使他们的优势得不到发挥，使他们在心理上处于劣势。

2. 黏液质的人适应能力很差，在变化过多的谈判环境中，会有较大的心理压力。所以，不妨故意在谈判中加入诸多变化的因素。如：更换谈判地点，调换谈判人员，在谈判议程上进行改动。面对如此多的变化，黏液质谈判对手会一时无法适应，自乱阵脚。

3. 黏液质的人会在谈判中的细节问题上大做文章。因此，在谈判前做好周全的准备是十分有必要的。一定要有详尽的资料来应对对方的提问，对谈判中的每一细节也都应该考虑到对方攻击的可能性，准备好应对的策略。

4. 一般情况下，尽量不要在与黏液质谈判对手谈判的过程中提出新的方案和主张。黏液质谈判对手更倾向于选择他们已经制定好的方案。所以，谈判者提出的新方案不仅不会得到他们的支持，甚至有可能还会引起他们的反感，影响最终的结果。

5. 一旦有非提出不可的新方案需要黏液质的谈判对手接受，可以在资料上多下一些功夫。准确的数字、周密的论证，以及丰富的信息资料，如果能够经得起他们细致的研究与推敲，他们是有可能考虑接受的。

6. 黏液质的人讨厌谈判对象过分夸张的表现，因此，在谈判中要注意自己措辞的方式和讲话的态度。一般来说，冷静、客观、专业的态度会给他们留下好的印象，让他们产生信任的感觉，觉得对方是可以放心合作的伙伴。这种印象将有利于谈判中的相互磋商。另外，对于黏液质谈判对手也不必要表现得过分热情，处理不当会招致其反感。

7. 黏液质的人喜欢有明确目标的谈判。因此，在与其谈判过程中，不妨将谈判目标一个个清晰地划分出来，将谈判分解为一个个有清晰目标的谈判阶段。这样做一方面可以让谈判更有效率，也可以争取到黏液质谈判对手的积极配合，有利于谈判的成功。

抑郁质的谈判对手

你的对手是抑郁质类型吗?

抑郁质的人一般来说非常敏感。对外界的一切变化都十分注意，甚至能够发现一般人发现不了的细微问题。他们对问题的理解也比一般人更深刻，对于事物有自己的想法，常常有出人意料的独特之见。他们的情感十分细腻，但是轻易不外露，外人会捉摸不透他们的心思，觉得他们有些冷漠，但实际他们内心的感情十分丰富，只不过更偏向于内省。这种内省的习惯让他们经常处于一种神经紧张的状态，无法安然享受生活和工作中的乐趣。对于他们来说，无论是生活还是工作，都很难给他们带来成就和幸福感。他们想象力十分丰富，智商一般也较高，观察力很敏锐。

他们的感情十分脆弱，极易受到伤害，对于刺激反应激烈。他们缺乏自信心，甚至可以说有些自卑，对外界有一种本能的恐惧心理。在处理问题时，他们表现得谨慎又细致。理解问题比较慢，但是思虑比较周全。他们性情孤僻，在人际交往中表现比较冷漠，不会轻易相信别人，与他人也极难产生情感联系，让人觉得难以接近。他们最大的特点就是多疑，对任何事物都抱有一种疑问的态度。不会轻易下结论，即使下了结论也要反复推敲，犹豫不决。他们的胆子很小，害怕他人强硬的态度，吃硬不吃软。但是在面对他人过分的逼迫时，如果刺激到他们的心理底线，他们会变得歇斯底里难以控制。他们的心理承受能力很差，即使在心理压力较大时，也不愿意通过正常的人际关系来排解压力，所以他们常常处在一种自我折磨式的内心煎熬状态。

抑郁质的人说话时的速度很慢，声音也很小。他们的动作十分缓慢，思维转移也困难，做什么事都比别人慢一步。遇到困难和危险时，他们不仅没有随机应变的能力，甚至还会因为过于恐惧而错失自救的机会。在失败以后，他们又要经过一段很长的时间才能够平复过来，在这段时间里，他们会一直觉得心神难安，总要回想自己失败的细节。他们对人的态度很冷漠，说话时感情色彩较少，平日里也不大说话，显得沉默寡言。

在谈判过程中，抑郁质的人会一直表现得十分多疑。在谈判桌上，他们对任何方案、建议都要刨根问底地询问，千方百计探求自己想要知道的一切。但即使是对方给出了最详尽的解释，他们心底也始终无法完全信任对手。多疑加上优柔寡断，使得他们在谈判过程中非常难做出决策。他们担心自己会吃亏上当，总是拿不定主意，反复推敲，很多时候会贻误时机。他们对谈判中的细节把握得很好，但是全局观较差，不能在大局上掌控谈判的走向，在气势上通常会表现得比对手弱。谈判中，他们往往沉默寡言，不愿意多说话。对于谈判对手的态度，他们会表现得很随和、谦虚，让人心生好感，留下一个好印象。他们不喜欢谈判中的冲突，一旦发生冲突，他们会在心底产生很强的防卫心理，躲避对方的进攻。在谈判中，他们只相信对方提供的资料与证据，会要求对方在一切细节方面给予详尽的解释。

在与抑郁质的人进行谈判时，可以有以下应对策略：

1. 抑郁质的人在谈判中较看重谈判中的细节。所以，要在谈判中尽量选用准确、详尽的措辞方式，不要给人笼统带过的感觉，否则很可能会让多疑的抑郁质谈判对手疑心更重。要杜绝使用模糊不清的概念词语，如“差不多”“可能”“大概”，等等。资料一定要全面、详尽，论据要充分，以免对手找出漏洞。

2. 抑郁质的人情感丰富，敏感脆弱，自尊心很强。所以在谈判中，如果遇到这样的对手，切忌有不尊重对方的行为。抑郁质谈判对手十分爱惜自己的面子，在谈判中一旦感觉自己失了面子，便会对对方产生抵触心理。

3. 抑郁质的人决策过程很缓慢，要经过慎重的反复思量才能最终决定。有些性急的人遇到这样的对手，会十分不耐烦，不停地催促对方，这是面对抑郁质谈判对手时的大忌。对于这样的对手，增强自己的耐心是十分有必要的。一旦催促对方，逼对方表态，会激起他们的反感，他们的疑心也会更重，反而更难以下决心做出决策。

4. 与抑郁质的人谈判，是要非常谨慎小心的。如果你在某一方面有欺骗对方的行为存在，凭着他们对细节超乎寻常的执着精神，你的诡计是非常有可能被对方识破的。一旦抑郁质谈判对手发现你有欺骗的行为，他们对你的信任也将荡然无存，谈判也就绝不可能成功了。所以，面对这样的对手，还是怀着一颗真诚、坦荡的心来谈判为好。

5. 一定要留给对手较长的思考时间。要考虑到抑郁质谈判对手谨慎的个性，让他们可以顺应自己的本性仔细思量。

6. 抑郁质的人感情十分脆弱，面对谈判中的冲突会产生极端的防卫心理。所以，在与这类型对手谈判时，要尽可能避免冲突，不要因为他们不擅长处理冲突就故意制造争端刺激对方，这样很可能会弄巧成拙。

7. 在谈判过程中，可以多利用一些统计资料和演示证明，这与抑郁质谈判对手思考问题的方式相符合。既能够博得他们的好感，也是一种促成谈判的有效手段。要知道，抑郁质谈判对手本来就谨慎多疑，如果在谈判资料的准备上无法让他们信任，接下来他们会陷入更重的疑虑中。

8. 抑郁质的人自信心不强，自卑感较重，如果在谈判中给予这样的对手较多的认同感，能够引起他们的好感。恰到好处的关心也能使他们有一个好的情绪，有利于双方的磋商。

第四章　让他人聆听你，传递给他的讯息

你必须是你自己人生的支配者。

FOUR

不要暴露需求感

一旦让对方知道你的真实欲求，你会处于劣势。

在谈判中使用欲擒故纵策略，是指当谈判者想让对方妥协时，会将自己的真实心理掩盖起来，装出一副对交易毫不在乎的样子，激起对方想要促成谈判的心理，使对方最终妥协。在这一过程中，所谓的“擒”，是指谈判者的最终目的，即让对方妥协。而“纵”，是为了达成这一目的所使用的策略，即通过掩饰自己的欲望来迷惑对方。想要“擒”，就要先“纵”，当对方被谈判者所伪装出的态度迷惑时，对方就会由于想要达成谈判的欲望而降低筹码,最终达成“擒”的目的。

由于现在住的地方距离工作的地方比较远，小郑决定搬家，在公司附近寻找一个新的房子租下来。通过各种渠道的查找，小郑最终确定了两处比较合适的房子。

这天，她先去看了第一套房子。这间房子在位置、装修、设施等方面都很不错，小郑很想把它租下来，但是房租的价格又实在是有点贵，费了不少唇舌，房东就是不肯在价格上有所让步。小郑有些着急，便对房东说：“我是真的很希望能够租到您这套房子，越快搬进来越好。我工作的地方离我现在住的地方实在是太远了，我经常迟到，要是再多迟到几次，老板就会扣我工资了。所以，您只要在价格上再让一下，我马上就租下您这套房子。” 这是小郑现在的真实处境，她说起这番话来态度也十分诚恳。她心想，看到自己这么急切地想要租这套房子，房东应该会被她打动。但是，听了她的话以后，房东的态度不仅没有任何松动，反而愈发强硬了。他对小郑说：“价格上我是真的不能再让了。既然你这么着急想要租房子，我劝你就赶紧租下我这套吧，不然就会被别人租下了。”

由于第一套房子在房租上与房东没有谈拢，小郑决定先去看一下第二套房子，再做出最后的决定。在看过第二套房子后，小郑觉得这套房子不比第一套房子差，甚至在某些方面比第一套房子的条件还要好。她问了问房东房子的租金，发现两套房子的房租差不多。她心里很想租下这套房子，但是鉴于上次的经历，她决定这一次在同房东砍价的过程中采取另一种策略。接下来，她处处都表现得自己对房子并不是很满意。“位置不太好。”“装修有些陈旧了。”“采光不太好。”小郑屡屡说出这样的评价。“你的房租再低一些吧。我觉得以这个房子的条件，现在这个价钱要得有点贵。”小郑说。“不能再低了，在这样的地段，现在的房租已经不算高了。”房东回应道。小郑想了想，说：“我刚刚看过一套条件更好的房子，所以我需要再考虑一下，您让我再想想吧。”第二天，当第二套房子的房东再打电话给小郑时，她依旧说自己需要再考虑考虑。看到小郑这样一副不咸不淡的态度，房东终于忍不住了，将房租降低了一些。最终，小郑如愿以偿，租下了价格实惠条件又好的第二套房子。

通过小郑的租房经历，我们可以看到，她前后两次看房中的讨价还价，因为采取了不同的策略，而有了不同的结果。在看第一套房子时，由于她暴露出自己急切的租房意愿，使房东认定她会租下这套房子，使她在讨价还价中败下阵来。而在看第二套房子时，她吸取前次的教训，采取了截然相反的策略，隐藏了自己的欲望，反而激起了房东想要迫切达成交易的心理。第二次讨价还价的过程，实际上就是运用了欲擒故纵的策略。

在谈判场上，想要在谈判中运用欲擒故纵策略，也有一些需要注意的问题。

首先，在运用这种策略之前应该观察一下谈判对手的气质性格。一般来说，这种方法更适合应用于比较自负的谈判对手身上。这种人的虚荣心较强，待人接物傲慢自大，所以当对方表现出一种满不在乎的态度时，这种人会因为自己的自负心理而中计，主动达成协议。而且，在这一过程中，最好一开始表现得比较积极，当对方放松戒备时再突然转变自己的态度，这样做更能激起对方的自负心理。

其次，在欲擒故纵的过程中一定要掌握好“纵”的分寸。如果“纵”得不明显，对方感觉不到你满不在乎的态度，也就无从谈起去“擒”了。但是，“纵”得太过，让对方觉得想要同你达成协议基本上是没有希望了，对方便会放弃进一步的动作，不再努力与你进行谈判了。所以，在与对方谈判的过程中，要向对方摆出一种若即若离的态度，既要让对方觉得你的态度不甚积极，也要让他觉得达成协议并不是完全没有希望，只有这样，欲擒故纵的方法才能够真正运用成功。

再次，要将谈判达成能带给对方的利益展示给对方，让对方觉得有利可图。这就好比是钓鱼，没有鱼饵，鱼也不会上钩。在上面的例子中，小郑向房东表示需要考虑一下，看似是平平常常的一句话，实际上是抛给房东的一个“鱼饵”。她的话让房东明白小郑正在做最后的抉择，只要再稍稍让步，小郑就会在两套房子中选择自己的这一套租下来。在这种利益面前，房东最终选择了让步。

最后，要使用欲擒故纵的方法，一定要拥有一定的主动权。在实力较弱的情况下使用这种方法，即使是表现出“纵”的态度，对方让步的可能性也很小，甚至可能导致谈判的失败。因此，在实际谈判中，必须先掌握一定的谈判主动权。只有在形势较好，握有筹码的情况下，才能运用欲擒故纵的策略，最终迫使对方让步。

编造的信息也有惊人的力量

要想在生活中取得成功，我们必须异常的坚定。

在谈判中，将谈判对手置于竞争局面下，能够使其感受到心理压力。在谈判者与对手谈判的过程中，如果对手发现除了自己这一方以外，还有其他竞争对手在与谈判者接洽，准备与谈判者合作，谈判对手就会感觉到有压力，谈判实力也会相应地下降，在谈判过程中因为顾忌自己的竞争对手而不敢与对方放手一搏，甚至要向对方让步。在谈判场上，高明的谈判者经常会利用这一招，请来众多谈判对手使对方陷入竞争的局面，或者在言谈中向谈判对手透露出其他竞争对手的存在。实际上，让对方感觉到压力的竞争局面并不一定是真的，也有可能是谈判者故意制造出来的假象，虽然是假的，但只要能够在谈判过程中使对方让步，就是一个有效的谈判策略。谈判者在谈判过程中向对手透露有其他竞争者的存在，一般来说，对手是无法立即考证的。因此，即使是谈判者一方故意制造出来的虚假的竞争局面，对方也无法轻易看透，只能陷入被动。

小林开了一家小餐馆，三年来，餐馆的生意一直都十分红火，食客众多。但是，由于餐馆的面积太小，摆放的桌子数量又不少，加上客人的络绎不绝，时间长了，餐馆的地面和墙壁出现了污损，显得十分不雅观。看到这样的情况，小林决定找一个装修人员来为餐馆整修一下地面和墙壁。

他来到装修市场上寻找小工，不一会儿，遇到了一位年轻人主动向他招揽生意。年轻人表示自己在装修上十分有经验，价钱也合理，小林便将年轻人领回了自己的餐馆。年轻人大致看了一下餐馆地面和墙壁的污损情况后，掏出计算器算了一下，对小林说："这间屋子，把地面和墙壁整修一下的话，需要4000元。"

"4000元？太贵了。"小林道。他与年轻人进行了一番讨价还价，但是年轻人始终不肯让步。不得已，小林只好告诉年轻人这样的价钱自己接受不了，让年轻人离开了。临走前，年轻人将一张名片递给小林，说："附近的小工做这份活都差不多是这个价钱，如果您找不到更便宜的小工的话，就给我打电话吧。"

接过名片，小林心里想到，既然他这么说，看来我即使再找下一个小工，价钱也很难降下来多少。但是4000元这么贵的价格，只是整修一下墙壁和地面，又实在是有些不值。把玩着手中的名片，小林考虑着要不要干脆就让这个小工来做，还是另外再找一个小工，如果再找一个的话，又该怎么样和他讨价还价呢？想着想着，小林突然灵光一闪，想到了一个好办法。

他到装修市场上又找到了一位小工，领回餐馆后，对方看了一下大致情况，同样开出了4000元的价码。这一回，小林并没有着急同对方讨价还价。他指了指桌上的一张名片，说："把你的名片也放在那儿吧，上面写上你愿意做这份活的最低价格，我会联系你的。"小工看了看放在桌上的名片，右上角用签字笔写着 3500 元的字样。小林接着说：“待会儿还有几个小工要过来，我想看一下你们每个人能出的最低价格，再最后决定。”

“你什么时候能决定？”小工问道。

“这要等后面几位都过来，大概得等到明天。”小林说。

小工想了想，放下手中的名片，像是下了很大决心似的对小林说：“我现在给你开一个最低价格，你就直接让我干这份活吧，不要再那么麻烦找那么多人来了。”

“你的最低价格是多少？”小林说。

“3200 元。”

小林沉默了一下，摇摇头，道：“3200 元，肯定还有别人也愿意用这个价钱干这份活。”

小工咬咬牙：“3000 元，不能再低了。”

小林思考过后，说：“那好吧，这份活就交给你做了。”

故事中的小林，在通过与第一位小工的交流中获得了启发。在与第二位小工讨价还价的过程中故意制造了一个有很多人都想做这份工作的假象，使得第二位小工备感压力，最终降低了自己开出的价钱。在这一过程中，小林就是利用了小工想要做这份工作，同时又不想陷入与其他小工竞争的心理，最终达到了自己的目的。

美国谈判学专家罗杰·道森曾经说过：“编造的信息有惊人的力量。”在谈判中维持对方竞争局面的假象，实际上就是一种编造出来的信息。它“惊人的力量”在于它让对手在谈判的过程中，时刻感受到来自其他竞争对手的压力。在这种压力下，谈判对手害怕自己立场过于强硬会激怒对方，使得对手转而寻求与其他竞争对手的合作。所以，谈判对手会尽量采取让步的策略，在某些方面向对方妥协，以达成与对方的协议。

在具体的谈判过程中，如果想应用这样的策略，一定要注意在编造信息时不要让对手看透。一般来说，简单地提及其他竞争公司的信息就可以达到很好的效果，如果对方要求详细解释，可以以保护商业机密为由拒绝向对方提供更多的信息。毕竟，言多必失，解释得越多，漏洞就越多，一旦让对方看出了破绽，反而弄巧成拙，对谈判造成不利的影响。

不过，这种方式毕竟是一种欺骗，有失道义，还是不要过度使用。

如何声东击西，掩盖真实意图

声东击西的本质是一种障眼法。

在谈判场上，当面对众多议题时，有些谈判者会在谈判过程中不断调整议题与对方进行谈判，在主要议题和次要议题间不停转换，使谈判对手摸不清谈判者的真实意图，被对方所迷惑。在谈判桌上，这是一种声东击西型的策略。这种策略在古代时就被军事家运用于行兵打仗之中。唐朝人杜佑的《通典·兵典六》中就有过记载："声言击东，其实击西。"意思是说，在战争中，应当灵活调遣兵将，如果攻击的目标是西边，就要造出将要攻击东边的假象，扰乱敌人的耳目，以达到出其不意的目的。声东击西型的策略之所以能够在谈判场上奏效，是因为这种策略不仅能够转移对方的注意力，分散对方的精力，还可以掩盖住谈判者的真实目的，使谈判者得以迂回实现自己的真实目的。

小李是一名批发商，在批发市场上占据着一个不大不小的摊位。长期以来，他与零售商张老板都保持着良好的合作关系，张老板的货物基本上都是从他这一家批发。两人合作以来，小李给张老板的供货价格一直都没有变过。最近，张老板向小李提出，因为自己生意上遇到了一些问题，希望小李能够将供货价格降低一些。

小李答应考虑考虑，但是一直也没有给张老板明确的答复。

这天，小李接到了张老板的电话。“我这里有一个客户，想要一批乙型货物，你那里有没有现货？”张老板说。

“数量上他准备要多少？”小李问道。

张老板报出一个数字。小李查看了一下库存，发现乙型货物的数量很少。一直以来，张老板从小李这里批发的都以甲型货物为主，而小李的库存也以甲型货物居多，一时之间他无法凑出够数的乙型货物。

“张老板，能不能同那位客户商量一下，让他要甲型货物呢？其实这两种货物只是在细节上有一些差别，功能上使用起来都差不多的。”小李说道。那位客人想要的数量并不少，小李很想促成这笔生意。张老板答应小李向对方解释一下。

过了一会儿，张老板又打来了电话，对小李说：“我告诉客户这两种货物功能上都差不多，客户说，可以考虑用甲型货物，但是在价钱上他希望你能再让一些。”

“让多少呢？”小李问道。

“100 元。”张老板说。

小李考虑了一下，答应了对方的要求。过了几天，小李与店里的伙计闲聊。伙计告诉小李，张老板曾在不久前向他打听过乙型货物的库存，那个时候他就已经将乙型货物的库存量告诉给了张老板。听到这里，小李心生疑惑，他思考了一下前后因果，终于明白过来。张老板前几天电话里所说的那位客人的要求很可能只是个幌子。他早已知道乙型货物短缺，所以故意打电话给小李说有客人想要乙型货物，小李的反应也都在他的预料之中。他的真实目的其实是为了让小李降低甲型货物的真正价格。这只是一个障眼法，而小李正是因为这种障眼法才没能看透他的真实意图，让对方轻而易举就达到了自己的目的。

声东击西型策略的关键就在于造势，让对方看不出你的真实意图。在上面的例子中，张老板表面上攻击的“东”是让小李给客人提供乙型货物，而实际上真正想要攻击的“西”却是使甲型货物的供货价格降低一些。这其中所谓的张老板的客户，无论是否真有其人，都为张老板的这招声东击西所用，成为遮盖在小李眼前的一层障眼法。

在谈判中，要想成功地声东击西迷惑对手，需要了解这种策略运用的方式和条件。

首先，声东击西的本质是一种障眼法，而在谈判中，最有效的障眼法就是转换议题，转移对方视线，让对手在若干议题中分不清哪一个才是对手的真实目的。比如，一场谈判中，谈判者的真实目的是压低价格，可以先绕过这一议题，讨论其他诸如交通运输、产品质量上的问题，在帮助对方解决其他问题上的困难后，再议及价格磋商的问题，就会更容易使对方让步。

其次，在谈判中与对方交流的过程中，可以不时地改变话题分散对方的注意力，也可以在一些无关紧要的小问题上与对方反复纠缠，消耗对方的精力，使对方无法集中心思思考重要的问题，在策略上陷入被动，从而在谈判者提出真正关心的议题时不能及时地做出反应。

再次，在声东击西迷惑对方的过程中，一定要时刻观察对方是否已经察觉自己的真正目的，一旦对方看透障眼法，觉察到自己的真正目的，声东击西的方法就不能再继续使用了，否则只是徒劳地耗费时间与精力。所以，在谈判中，在转移话题时，既要谨慎小心不让对方看出自己的真实意图，还要随时关注对方动向，观察对方的反应。

最后，在主要和次要的谈判问题上，如果要运用声东击西型的策略，可以在次要问题上多花费一些时间与对方进行磋商。当谈判者花费大量精力在次要问题上与对手进行谈判时，谈判对手会认为该问题在对方心目中是真正的主要议题。所以，一旦谈判者在这些次要问题上向对手做出一些让步，对手会认为得到了对方的妥协。在这种情况下，当谈判者再与对手磋商自己心目中真正的主要议题时，就会更容易赢得对方的让步。

信息交流的迷阵

释放假消息，让对手陷入迷阵。

谈判桌上需要双方进行信息交流，所以，很多时候谈判双方都会在信息上大做文章。有些谈判者会在谈判过程中故意透露给对方假消息，让谈判对手在假消息的引导下，陷入谈判者精心设置的陷阱中。

美国开凿巴拿马运河时，在与法国巴拿马运河公司之间进行的谈判中，就使用了这种方法。法国公司在巴拿马运河上拥有一大批铁路、设备、建筑物以及土地等资产。对于这笔数量可观的资产，法国方面的估价是 1 亿多美元，而美国方面的开价则仅为 2000 万美元。经过磋商，双方在价格上始终僵持不下，无法达成协议。不久，法国方面获得了一份情报，内容是美国相关的委员会写给总统的一份报告。上面向总统提出购买法国巴拿马运河公司的费用过高，建议总统实施尼加拉瓜方案，也就是终止开凿巴拿马运河的方案，转而考虑开凿尼加拉瓜运河。在看到这份报告后，法国人一时变得忧心忡忡，不得不开始重新考虑自己的估价。最终，在谈判中法国人的报价跌至了对手可接受的范围内，美国方面赢得了谈判。在这场谈判中，美国人之所以能够最终实现自己的目的，关键在于对消息的运用，通过一封无从辨别真假的报告，让法国人阵脚大乱从而输掉了谈判。

在谈判场上故意透露给对方假消息，其出发点就在于迷惑对方。

这不是一件容易的事情，谈判场上的对手往往都是百里挑一的精英，心思谨慎，大多都会有警觉之心。遇到经验丰富的老手，想要故布疑阵迷惑对方就会更加难以实现。所以，将这种方法应用在谈判场上时，一定要注重一个“巧”字，借助于恰当的时机和局面，不露痕迹地放出烟幕弹，才能够巧妙地引诱对方掉入陷阱，达到自己的目的。

A公司与B公司正在进行一场谈判，双方在价格问题上经过几个回合的讨价还价，互相都不肯让步，谈判局势进入到了一个僵持的状态。这时，A公司代表的电话突然响起，A公司代表拿起电话，向谈判对手表示自己要到谈判室外去接听。A公司代表离开后，B公司代表向谈判小组的某一成员使了个眼色，该成员立即借故上卫生间离开了谈判室。

不一会儿，A公司代表打完电话回来，要求暂停谈判，召集A公司谈判小组的成员离开了会议室。这时，方才离开的B公司成员回到了谈判室，向B公司代表报告了A公司代表在外接听电话时所说的话。原来，该成员离开谈判室，是受B公司代表指派去监听A公司代表的通话内容。根据该成员监听得来的情报，A公司代表方才应该是与A公司上层通话，上层似乎向A公司代表下达了指令，不能够低于现在的报价，因为A公司该型号的货物存货量已经不多，将来还有提价的可能。听到这样的消息，B公司代表与谈判小组成员们迅速商议，决定接受A公司现在的报价。过了一会儿，A公司谈判小组回到了会议室，果然，A公司代表表示绝对不能低于现在的报价，而B公司代表看见A公司代表这样的反应，更加确信方才监听得来的消息是真的，最终接受了对方的报价。

实际上，这一切都是A公司故意策划的陷阱，A公司打听到B公司在谈判中经常搞些小动作，监视对手的行为或是监听对手的电话。因此，A公司将计就计，让A公司代表接了一个所谓的上层打来的电话，故意透露给对方假消息，使对方误以为A公司货物将来可能会提价而接受了A公司现在的报价。最终，A公司成为了谈判的真正赢家。

将假消息传递给谈判对手，方法可以是多种多样的。美国人迷惑法国人利用了文件，而上述情节中的A公司蒙蔽B公司则是通过电话。不同的谈判场合，可以根据对手特点或者谈判场上的客观情况灵活转换方式。一般来说，有以下一些常用的方法：

1. 在谈判桌上故意遗失一些重要的文件资料，并制造机会让对手可以浏览到这些资料，并被资料中的信息误导。需要注意的是，最好让这些文件资料在表面上看起来无关紧要，而在一些细节上透露出重要的信息。这样做是为了防止对方产生疑心。试想，这么重要的场合，信息决定一切，有哪位谈判者会大意到把非常重要的文件资料遗失在谈判场合呢？表面上无关紧要的资料，即使谈判者遗失在谈判桌上，也不会让人起疑心。而对方如果是通过细节发现了重要的信息，也会觉得这些信息是自己主动观察得来，值得相信。

2. 在组员之间的谈判上做文章，让对方在留心组员之间的谈话过程中接收到假情报。在谈判场上，不仅是谈判对手互相之间在进行着交流，同一阵营内的组员之间也需要交流。根据谈判局势，组员们需要随时交换意见，考虑对策，在这一过程中，往往会掺杂着各种各样的信息。制造机会让谈判对手注意到这些组员之间的交流，可以将假信息掺杂其中传递到对方阵营。这种交流可以是在谈判场内也可以是在谈判场外。如果是在谈判场内的话，组员之间交流的声音虽然很低，但如果是有意想要让对方听见，对方还是能够接收到信息的。在谈判场外的话，则可以无所顾忌、畅所欲言，让同在场外的谈判对手听见。

3. 与第一种方法一样，第三种方法也是利用文件资料来传递假信息。但第一种方法是将文件资料遗失在谈判现场，这一种则是在谈判现场故意将文件资料展示给对方看。谈判场上的精英们一般都有着很敏锐的观察力，时刻关注着对方的一举一动。所以，一般来说在谈判场上翻看资料是需要小心谨慎的，一旦让对方看到上面的信息，对谈判局势的发展将很不利。但是，这一点也恰恰可以成为传递假消息的契机。谈判者可以利用对手对自己的关注，故意让对手看清资料上的信息，一旦对手错信信息，掉入陷阱，接下来就可以展开策略，最终取得谈判的成功。

金蝉脱壳：危急时刻迷惑对方

一个正当的“借口”，不但可以消除尴尬局面，还可以免除谈判破裂。

“金蝉脱壳”，是中国古代兵法策略三十六计中的一计。当蝉变为成虫时，它会脱去幼早的壳。这一过程应用到策略中，就是利用假象脱身，使对方不能及时发觉或躲避对方的进攻。而在谈判桌上利用所谓的“金蝉脱壳”策略，就是在被对方逼迫得毫无招架之力，又无法做出让步时，向对方亮出一张“王牌”——职权有限。当谈判者向对方说明自己没有权利做出最后的决策时，就算对方实力再强，也没有办法让谈判者当场做出决策，这便给谈判者以喘息的机会，可以暂时离开谈判场，为自己谋划应对的策略。在这一过程中，“职权有限”就是谈判者所脱下的“壳”，无论是真是假，都可以作为谈判者脱身的理由，以免谈判者最终向对方做出无法承受的让步。

谈判桌是一个激烈的角斗场，一方在谈判中获取较大利益，获得了谈判的成功，就代表另一方做出了较大的让步，输掉了谈判。我们都希望自己会是谈判的赢家，但是面对这个风云变幻的角斗场，谁都不能保证自己不会遇到实力更强的对手，被对方逼迫至难以还击只能妥协的地步。在谈判场上，当谈判者发现自己正在被迫做出难以接受的让步，又不想与对方发生冲突导致谈判的破裂时，不妨应用“金蝉脱壳”的方法，让自己暂且脱身。

王强受公司委派，作为谈判代表与一家原材料加工企业进行谈判。谈判刚开始时，局面对于王强一方还是十分有利的。对方是合作过多次的企业，此次谈判的议题是围绕着价格展开，双方在第一轮的讨价还价中虽然没有达成一致，但彼此都没有拿出剑拔弩张的气势，气氛始终轻松、平和。但是在接下来的谈判过程中，由于王强策略上的失误，使对方占据了有利形势，操控了谈判的主导权。对方的立场逐渐变得强硬起来，在讨价还价中也表现得越来越强势，逼迫王强做出让步。

谈判进行到后期，王强已经做出了极大让步，但是对方依然不依不饶，继续向王强施加压力。面对对方的进攻，王强毫无招架之力，眼看对方步步紧逼，王强一时没了主意。

“王代表，现在是您该做出最后决策的时候了。”对方代表说道。

“我还需要再考虑一下。”王强说。

对方代表又发表了一番具有威慑性的言论，想要压垮王强最后的心理防线。这时，王强突然说道：“贵方的态度我已经很清楚了，但是最后的决策我不能做。”

“为什么？”对方代表问道。

“因为我没有这个权利，我需要回去请示上级，才能做出最终的决议。”

对方代表露出疑惑不解的表情，他摸不透王强此番话是真的职权有限还是为了避免做出决策所说的托词。“王代表，我们公司已经与贵公司合作过好几次了，从前的谈判中可没出现过这样的情况，贵公司派出的谈判代表都是与我们当场就达成协议的。”

“情况总不会是一成不变的，从前的谈判局势与今天不一样 。

我职权有限，没有权利在这场谈判中做出如此大的让步，所以我必须回去请示上级，才能给您最终的答复。”

“您可以现在就打电话过去。”对方代表说。

“这样重要的决策，是不能通过电话来决定的。”王强说。

最终，由于王强始终坚持自己的职权有限，对方公司与之僵持不下，谈判只好在没有结果的情况下告一段落。回到公司后，王强做了充分的准备，谋划好了应对的措施，在新一轮的谈判中挽回了局势，最终在谈判中取得了一个不错的结果。

在这个例子中，王强所使用的方法就是金蝉脱壳，借口职权有限让自己暂时脱身。我们可以看到，当王强提出自己职权有限时，对方并没有马上转换策略，而是就这一问题追问王强，要求王强给出更详细的解释，甚至要求王强立刻与上级取得联系做出决策。通过这些细节可以看出，想要在谈判场上成功地运用金蝉脱壳的策略，并不是一件容易的事情，会面临许多问题。对方会怀疑这种方法只是谈判者脱身的策略，一旦对方识破谈判者的障眼法，很可能会导致谈判的破裂。而且，这样的方法也会让谈判变得更加复杂。虽然谈判者可以暂时让谈判告一段落准备应对的措施，但是谈判对手也同样可以在这段时间内加强自己的实力，即使是开展新一轮的谈判，谈判者也有可能无法挽回局势。因此，在谈判场上如果想用金蝉脱壳这样的方法，一定要具备随机应变的能力，可以解决随时出现的新问题，控制住局势，才能成功地从谈判中脱身。

第五章　看见自己，影响别人

生活就像一面镜子，只有当你察看到自己内心深处时，你才能清晰地看见他人。

FIVE

进入别人的内心世界

一个人是被我们称为所谓“宇宙”的一部分，受时空限制的一部分。他会觉得他的思想与感受和世界其他部分是割裂的，这是他的意识的一种错觉。这种错觉是我们的牢笼，将我们的欲求和情感限制在少数一些和我们亲近的人当中。我们必须将自己从这个牢笼中解放出来，拓宽我们的胸怀，去拥抱所有生灵和整个世界的美，这是我们的使命。

——阿尔伯特 · 爱因斯坦

蜀汉建兴三年（公元225年），诸葛亮为了平定西南少数民族的叛乱，率军进攻南中，取得了节节胜利。诸葛亮本不准备强行镇压，他是想获得西南少数民族的支持。因为如果强行使其屈服，等于是为自己埋下了炸弹，而如果能使其心服口服，和平解决，南方就能稳定下来。

可是，谈判根本不管用，西南少数民族气势正旺，不愿意归顺蜀汉。诸葛亮知道，在西南少数民族首领中，有一个名叫孟获的首领深得少数民族和汉族人民的钦佩和尊敬。“擒贼先擒王。”为了让西南少数民族甘心归顺蜀汉，诸葛亮就许诺会重金悬赏生擒孟获的将士。

生擒孟获之后，诸葛亮让孟获参观了蜀汉大军的兵营和战阵，然后问他：“你看我军怎么样？厉害吗？”

孟获回答：“我先前不了解贵军虚实，所以打了败仗。现在承蒙您恩赐，让我观看了贵军的兵营和战阵。假如贵军是这样的，那么我还是能够取胜的。我虽然战败了，可是我不服！”

诸葛亮笑着放了孟获，让他组织兵力再战。之后，诸葛亮接连将孟获活捉六次，但是每次都放他回去。孟获开始时还不服气，后来终于在诸葛亮第七次释放他时，放弃了抵抗，对诸葛亮说：“您真是神威啊！我们以后绝不造反了。”

这就是诸葛亮的攻心术，想让别人真正听从你，就要让对方心服口服。怎样让对方心服呢？那就是攻心术。诸葛亮七擒七纵，并没有杀孟获，也没有占领他的地盘，那么进攻的目标是什么呢？那就是西南少数民族的心，攻下了他们的心，就等于征服了他们，将敌人变成了自己的支持者。

不仅战争是这样，我们在与人谈判的时候也是这样，说服别人的时候，如果不直达对方内心，对方也就不会产生什么触动，不仅不能说服对方，还有可能破坏双方的关系。因此，说服对方，很多时候靠的并不是强硬的态度，而是巧妙的方法，如果掌握了对方的弱点，每句话都说到对方心坎上，你的话就能够起到很大的作用。

戴尔·卡耐基是西方现代人际关系教育的奠基人，他自从开办社交训练班之后，每个季度都要租用纽约某个大旅馆的大礼堂。

有一个季度，就在他把开课的相关事宜都准备好了，只等开课时间到来时，这家大旅馆的经理突然把大礼堂的租金提高了3倍。这是卡耐基没有预料到的，而这时入场券都已经发出去了，根本不可能停课，所以卡耐基只好去跟经理交涉。

当然了，卡耐基并没有气势汹汹地对经理说："我已经把入场券发出去了，也已经把其他相关事宜都准备好了，只等开课，可你这时却要把租金提高3倍，不是存心让我进退两难吗？你的胃口可真不小！我才不付呢，看你怎么办！"

卡耐基是这样对经理说的："我听说你们要把租金提高3倍，有点震惊。不过，这不怪你，如果我处在你的位置上，也许我也会这么做。因为，身为这家旅馆的经理，主要责任就是让旅馆尽可能多盈利，否则经理之位就难保了。可是，如果你仔细算一算账，就会觉得增加租金并不是最划算的。假设你增加租金，我势必会退租，这样你就可以把礼堂租给举办舞会、晚会的人，从而在短时间内大赚一笔。但是如果你不增加租金，我就不会退租，这么一来，你虽然不能立刻大赚一笔，可是我的训练班却能吸引许多中高层管理人员同时入驻你的旅馆，相当于给你们旅馆做了免费广告。事实上，即便你花钱在报纸上登广告，也不可能同时邀请到他们。从长期来看，这对你们旅馆是更加有益的。这样算下来，你还认为增加租金是最划算的吗？请你仔细考虑一下，然后再答复我。"说完，卡耐基就告辞了。

最终，经理经过一番权衡，认为卡耐基的话很有道理，于是做出了让步。

听到旅馆经理的不合理要求之后，卡耐基并没有冲动，而是紧紧抓住了对方的心理，巧妙说服。他知道旅馆经理之所以那么做，就是为了多赚钱。既然是多赚钱，那么如果自己向对方表明，和自己合作才能获得更多的利益，对方自然而然就愿意听从你了。

攻心，说白了就是了解对方的心理，知道对方想要什么，满足对方的心理需求，或者说，抓住对方最在意的地方，在这方面做文章，从而打动对方。

凯利是一家机械品销售公司的推销员，正在向客户推销某种机械品。

客户对凯利说："你们的产品很先进，说实在的，我真想买一批。可是，我现在资金紧张，而且很忙，员工们一直加班还是忙不过来，我得赶快去招一些兼职员工。"

凯利说："这样啊，如果您招兼职员工的话，大概要花多少钱？"

客户回答："每个月大概需要 1 万美元吧。"

凯利接着说："让我算一算啊，我们这款新产品的速度是你们这款的 2 倍，能大大地提高工作效率，这样的话，你根本不需要另外招聘兼职员工，对吧？"

客户考虑了一会儿，又看了看凯利手上的机械品，点点头说："嗯。你说这玩意儿卖 1 万美元一台？"

凯利回答："对呀，如果你购买 5 台设备，就不用再招聘兼职员工了，这样的话，你一年能节省好几万美元呢！"

客户一听，点了点头，买了 5 台设备。

很明显，客户想要的是节省成本。凯利正是抓住客户的这种心理，向他分析了怎样节省成本，客户觉得可行，当然愿意购买凯利的产品了。

我们想要让别人真正接受我们的意见，就要洞察对方的内心，进入对方的内心，针对他们的想法给出我们的意见和建议。这就是谈判中的攻心之道。如果你在谈判中能够直达别人的内心，就能对症下药，牵引他们的内心，让他们跟着你的思路走，并最终接受你的意见。这样的说服方法事半功倍，是谈判中的上策。

信任为王

做好准备，展现能力！

赢得谈判对手的信任，对于谈判的成功有着重要的影响。在谈判中，信任是一剂良好的润滑剂，它能够调节谈判双方彼此之间的关系，使谈判处于友好、轻松的氛围中。当谈判双方彼此信任时，谈判双方之间的摩擦就会少一些，也更容易达成协议。相反，当谈判双方之间缺乏信任，彼此都对对方充满疑心，在谈判之中磋商起来就会困难重重，甚至导致谈判发生冲突。因此，在谈判中努力建立双方之间的信赖关系是十分有必要的。

王明是一家国有工厂的厂长。由于工厂的国营体制，厂内员工生产积极性不高，冗员繁多，使得工厂近年来经营十分困难。面对这一情况，王明召集厂里领导进行了多次大大小小的会议，经过深入的研究和讨论，王明最终决定在厂里实行一次大规模的裁员，以提高生产效率，将厂子从濒临破产的边缘挽救回来。

这一消息在工厂内散播开后，立即引起了骚动。由于工厂近年来资金周转困难，时有拖欠工人工资的情况发生，工人们普遍有着不满情绪，再加上如今裁员消息的刺激，立即爆发了一场大规模的罢工抗议活动。工人们的罢工使工厂的生产经营更加雪上加霜，厂里的领导们一时之间急得如同热锅上的蚂蚁。王明与工人代表进行接洽，最终决定，与工人们进行一次谈判。

在谈判之前，王明与厂里的领导共同为谈判做准备工作。有领导提议在谈判中使用欺骗性的手段暂时安抚住工人，被王明严词拒绝。他认为，使用欺骗性的手段虽然能够暂时安抚住工人，却永久地失去了工人们对工厂的信任。如果工人们不再信任工厂，任何手段都将无济于事，工厂只会陷入更深的危机之中。因此，王明决定，在谈判中向工人们开诚布公，将厂里的一切情况公开透明化，让工人们了解厂里正面临的困难，并征求工人们的意见共同解决面前的难题。

在谈判中，王明的做法赢得了工人代表以及工人们的信任。他采取开诚布公、直截了当的方式，让工人们了解到了工厂的现状以及造成工厂经营困难的原因。在这一基础上，他又权衡利弊，与工人们进行磋商，最终双方达成一致，商讨出了解决问题的最佳方案。

在这个例子中，王明向工人们公开工厂的实际情况，就是在赢取工人们的信任。面对向我们开诚布公说明情况的人，我们往往会对其产生信赖之感。可见，要想赢得对手的信任，以开诚布公的方式与对手进行谈判是一个卓有成效的方法。在谈判中，谈判者一方如果表露出真诚坦率的态度，乐于向对方提供谈判信息和相关情况，对手也会在这样的影响下，逐渐采取同样的态度。相反，谈判者一方如果严密封锁自己的信息，对方也会有较强的戒备心理，不会向谈判者透露任何信息，谈判双方都会对彼此疑虑重重，不利于谈判的顺利进行。

另外，要想在谈判中获取对方的信任，还需要谈判者具有热忱的态度。一个充满热忱的人，往往更能够感染别人，也能更轻易地获取别人对他的信任。拿破仑·希尔曾经说过："热忱是一种意识状态，能够鼓舞一个人对工作采取行动。"他曾经遇到过一位上门来推销杂志的推销员。这位推销员进门后，并没有急着推销自己的商品，而是对拿破仑喜欢的文章发表了一番自己的见解，并且让拿破仑也加入到其中进行讨论。在二人的谈话中，她很自然地将自己的话题转向了订阅杂志，用诚恳、自然的方式为拿破仑分析了订阅杂志的好处。拿破仑逐渐被她这种热忱、明朗的态度所打动，觉得对方所做的分析也不无道理，最终订阅了推销员手上的六份杂志。推销员能够获得拿破仑的信任，正是因为她用自己热忱的态度感染了对方，使对方相信了她所说的话。可见，在谈判场上，如果想博得对方的信任，可以用自己的热忱来打动对方，用自己的热情来使谈判顺利展开。

除此之外，谦逊也是使对方能够快速相信你的一种品质。在谈判场上，面对一位趾高气扬、神情傲慢的对手，大部分人都会觉得心有不快，认为对方是一个装腔作势不值得信任的人。而态度诚恳、谦逊有礼的人，会让人感觉到舒服，产生值得信任的感觉。想要在谈判场上表现出谦逊有礼的态度，需要在与对手沟通时用谦逊的语言和表现来传达你对对手的尊重。人们都希望能够被他人所尊重，当你将内心的尊重用谦逊的态度表现出来时，对方就会感觉到你的真实态度，从而在谈判中向你回报同等的信任。

如何真诚的打动人

全心全意去做你想做的事。

一般情况下，人们更喜欢真诚的人，不喜欢虚伪做作的人。因此，谈判的时候，我们如果能够真诚地表达自己的意思，向对方坦诚，对方可能就会觉得我们非常可靠，进而愿意支持我们。

谈判的时候，语言技巧是必要的，但更重要的还是真诚的态度。如果对对方坦承自己的内心，对方会觉得你把他当作是自己人，从而对你心生好感。相比于其他繁杂的谈判心理策略，真诚更能打动人。

马克·吐温年轻的时候，遇见了一个美丽的姑娘，她叫莉薇。莉薇美丽大方，惹人喜爱。马克·吐温和莉薇一见钟情，两个人很快就走到了一起。

不过，两人的恋情需要经过莉薇父亲的同意。马克·吐温要想跟莉薇结婚，必须过这一关。

马克·吐温知道这一点之后，准备去拜访莉薇的父亲。莉薇父亲第一次见到马克·吐温的时候对他印象不错。但是，莉薇的父亲表示自己并不了解马克·吐温的为人，他要求马克·吐温拿出相关的材料，证明自己是个品行端正的人，只有这样，他才能放心把女儿嫁给他。

马克·吐温从莉薇家出来后，很快找到几个与自己相熟的人，请他们分别写了一份证明材料。为了让莉薇的父亲更好地了解自己，他并没有找自己的好朋友，而是随机找了几个熟悉自己的人，其中包括平时对自己很不满的人。这几个人写出的证明材料并不都是正面的，其中有一些甚至是对他的批评与贬低。

看到这样的评价之后，马克·吐温明白，这些批评多于赞美的材料会对自己的求婚非常不利。但马克·吐温思索再三，觉得不应该有所隐瞒，最终他还是决定将它们交到了莉薇父亲的手上，他自己没有做任何挑选和更改。

莉薇知道后非常着急，她劝马克·吐温换掉材料："你为什么不去找那些和你关系不错的朋友呢？兴许他们能帮你说好话。"马克·吐温不以为然，他说："那样不是欺骗吗？我的朋友们和我关系好，为了帮我一定不会如实进行评价，这样的话，您父亲怎样客观全面地了解我呢？"莉薇听了之后仍旧非常着急，但是也想不到什么办法劝马克·吐温，只能听之任之。

然而，几天之后，莉薇父亲告诉莉薇，同意她和马克·吐温结婚。他后来对马克·吐温说："我之所以答应把女儿嫁给你，是因为你的坦诚打动了我，每个人都有优点和缺点，但是，只要你足够坦诚，就会改掉你的缺点。如果你的材料里都是优点，反而说明你不够坦诚。"

真诚的说服力比花言巧语更强，真诚会让别人觉得你值得信任。人与人交谈，其实是心与心的交流，你给出真心，别人才会报以真心，这是一种简单质朴的与人交流的心理策略。看上去非常愚笨，没有什么技巧，其实是大巧不工，是最好的说服办法。

曾文华是某大学的一位政治教员。他出了一本名为《如何做好思想政治工作》的书，出版社让他自己推销 800 册。这个任务对他来说比讲课和写书要难得多。可是，为了把书推销出去，他不得不接下了这个任务。

为了完成这个任务，曾文华想了许多方法，可是这些方法都不可行，最后，他决定面对全系学生举行一次演讲。

在演讲会上，曾文华说："……我身为老师在这里推销自己写的书，心里总觉得很尴尬……如今的作者也真是不容易，要想出一本书，不但要自己花钱，还要自己卖书。这本书写得好不好，我自己评论也没有意义。不过，我可以保证，这本书是我花了 4 年时间完成的，是我自己长期思考的结果，对有志于提高政治觉悟的人是有些启发的。出版社一下子压给我 800 册，但是对我们这些教书匠来说，搞推销比写书还难，而我不推销又不行，所以我只好硬着头皮来找各位同学帮忙了。当然了，大家也不要有被强迫的感觉，买不买完全自愿。如果你觉得这本书对你有用，你又有财力，那你就买一本，就当是帮我的忙了。谢谢！"

曾文华真诚的话语赢得了学生们的信赖，让他的书一下子就卖掉了 500 多册。

坦诚自己的目的，是什么就说什么，这会让别人觉得你尊重他们。

就像这位老师一样，并没有粉饰自己的推销行为，直言自己这样做非常尴尬。他毫不隐瞒地说出了自己的处境和目的，这种精神非常可贵。学生们听到这样真诚的演讲，会对这位老师产生一种认同心理，理解他的做法。另外，学生们也可能会这么想：既然老师这么真诚，他的书也一定是诚意之作吧！

越真的东西，越能够帮助我们打动人。因此，我们在学习语言技巧和谈判策略的同时，还要让自己做一个真诚的人，在与人交往的时候，用真诚的言语打开别人的心扉。

赞美对方，让对方心生愉悦

今天你遇到的人，他们之中 88% 内心都需要赞美。你赞美他们，他们就会喜欢你。

每个人在内心深处都希望得到别人的尊重，获得别人的认同，因此，外人的赞美会让人心生愉悦，得到极大的心理满足。面对谈判对手，如果我们能适时说一些好话，恰到好处地给对方以赞美，对谈判的成功会产生十分积极的影响。

当谈判对手收到来自我们的赞美时，他们会觉得自己的价值得到了肯定，受到了认同，在这种时候，他们的情绪往往会变得十分愉悦，即使先前对我们可能有一些抵触心理，在这时也会缓和过来。而这种态度的转变只是一个开始，当对手倾心于我们的赞美时，会对我们产生一种心理上的亲和，对我们的其他观点也会有认同心理。有了这种心理基础做铺垫，当我们提出要求时，谈判对手同意的可能性就会更大，最终助我们在谈判中赢得成功。

丽丽是一家化妆品公司的推销员，这天，她来到小区内，挨家挨户为女主人们介绍公司新出的化妆品。她拜访了几户人家，女主人们的态度都很好。成功推销出去了好几份化妆品后，丽丽来到周太太的家门口。周太太打开门，丽丽热情地向她介绍自己，说明自己的来意。

周太太冷淡地回应了几句，丽丽立即觉察到，周太太并不想听自己介绍产品，只是碍于礼节，不好意思将自己拒之门外。

“呀，您的插花可真好看。”丽丽看到周太太身后茶几上的插花，立即发出一声赞美。

“啊，是吗？我还没有插好，刚进行到一半。”周太太听到丽丽的赞美，脸色立即缓和了许多。

“我可不可以看您把它插完呢？我很想看看它完成以后的样子呢。”丽丽说道。

周太太想了想，觉得自己一个人插花，插好后也无人欣赏总有些可惜，便将丽丽请进了门。进门后，丽丽又看到了阳台上养着的花，每一盆都养得十分好，盛开出美丽的花朵。“没想到您养花也养得这么好。”丽丽说。

“过奖了。”周太太微笑道。她平时很少出门，与外人的交往也不多，没有多少机会能听到别人的赞美，因此在听到丽丽的话后，心情立时变得愉悦起来。

“您养的这些花，似乎不怎么常见啊。”

“是的，它们都是一些很罕见的品种，价钱也十分昂贵呢。”周太太自豪地说。

“您喜欢养花，还精通插花，可见您一定是个爱花之人。”丽丽说。

“是啊，我觉得花是这个世界上最美丽的东西。每当看见花，我心里就会觉得十分愉快。”周太太道。

“您这么喜欢花，我建议您尝试一下我们公司新出的香水，洒在身上，会有一股淡淡的花香味。”

“是吗？我可以试用一下吗？”

“当然可以。”

丽丽不失时机地介绍了公司的新产品，周太太在试用后觉得十分满意，不仅当场购买了一份，还成了丽丽的忠实客户。

赞美是一种非常有效的感情投资，在上面的例子中，周太太原本对上门推销的丽丽怀有抵触情绪，心里并不想听她推销产品。但是，在听到对方夸奖自己的插花技艺后，周太太的态度立即发生了改变。在丽丽的赞美声中，周太太逐渐从不想听对方推销产品转变为了试用并且购买对方的产品，在这一过程中，正是丽丽不吝其辞的赞美，才使得周太太心生愉悦，最终让丽丽的这种感情投资，得到了应有的回报。

在谈判中得体地赞美自己的谈判对手，首先要有敏锐的观察力。在进入谈判场地后，只有细心观察对手的一言一行，才能发现对手身上的闪光点，向他发出自己诚挚的赞美。相反，如果你没有细心地观察对手，了解对手的特点，你的赞美很可能会让对手觉得并不符合他的实际情况，反而认为你是个不诚恳的人，不值得信任。

其次，在赞美的方式上，可以从肯定对方的某些方面上入手。说一些肯定对方的话语，表面上只是表现出你对对手的认同，实际上，这种认同与赞美所能达到的效果是一样的。赞美让对方感觉到自己被认可，同样，肯定性的话语也能让对方觉得自己的价值得到肯定而因此心生愉悦。而且，在谈判场上，也会有一些比较严肃谨慎的对手，他们可能会不太喜欢别人的赞美之词，认为对方赞美自己只是一种虚情假意的心理策略。遇到这样的对手，肯定性的话语就变为了一种隐性的赞美，既可以达到让对手愉悦的目的，也可以避免对手因为不喜欢过于明显的赞美之词而心生不快。

还有，赞美要讲究时机。当谈判进行到紧张的时刻，双方都剑拔弩张准备一较输赢，在这样的时候谈判者如果突然对对方说出一些赞美之词，显然有些不合时宜，不仅让对方觉得莫名其妙，也会削弱谈判者一方的气势。所以，要根据谈判场上的气氛和谈判者的谈判目标来选择合适的时机赞美对方。一般来说，在谈判正式开始之前的“破冰期”内，在与谈判对手进行寒暄时可以适时地发出赞美。因为这一阶段正是联络感情的时候，谈判的内容多与议题无关，在这个时候夸赞对方，会显得更为自然。而且，如果在谈判开始之前就能让对手产生愉悦的心情，对于接下来正式开局后的谈判，将会有积极的影响。

最后，在细节之处赞美对方将会收到事半功倍的效果。“您的领带很有品位。”“您的字写得真好。”这样的赞美之词是从对手的行为表现中的细节上入手的。这样做的好处是既能达到赞美对方的目的，又能让对方觉得你是个观察力敏锐、仔细认真的人，使得对方在心生愉悦的同时，不由得也对你刮目相看。

亲切的话语，拉近彼此距离

我们不再条件反射式的反应，而是去明了自己的观察、感受和愿望，有意识地使用语言。

——马歇尔·卢森堡

在生活中，我们往往会对有亲和力的人产生好感。这样的人在与别人交流时，能够让人产生亲近的感觉，让别人不知不觉消除对他们的陌生感，降低心理戒备，在很短的时间内与对方熟悉起来。这种亲近的感觉有的时候是通过一个人的面貌或行为表现营造出来的，不过，更多的时候，它依赖于具有亲切性的话语。不是每个人都能够拥有亲和的外表，轻易俘获他人的心，但是通过后天有意识的培养，我们可以用具有亲和力的话语，来拉近与他人之间的距离。

在谈判桌上，如果我们想拉近与谈判对手之间的距离，也可以运用这种让人感觉到亲切的话语。“我们已经做出很大让步了，锅里的肉都给了您，怎么也该让我们喝点汤嘛。”“您长得和我的一位朋友非常像，所以尽管是初次见面，对您的感觉却很熟悉，希望这次我们能够合作成功。”在谈判中，当谈判者说出这样的话语时，实际上都暗含了对谈判对手的期望。第一句话中谈判者用了肉与汤的比喻，实际上是在向谈判对手求情，希望其可以适可而止，让谈判者也能享受到利益。第二句话的本质其实是“套近乎”，谈判者直言对谈判对手的感觉很熟悉，像朋友，就是希望自己能够与对手像朋友一样合作成功，也希望对手能够配合。这两句话，虽然谈判者期望的目标不同，但是都采取了同样的方式，即用亲切的话语来表达出自己的诉求。当谈判对手听到这样的话语时，一方面能够明白谈判者的期望，另一方面，这种亲切的话语也能够打动谈判对手的心，让他觉得自己与谈判者之间的距离瞬间变得近了，对对方有亲近之感，从而认真考虑是否能够满足谈判者的期望。

学校要举办一次晚会，学生会外联部计划到社会上去为晚会拉一批赞助。通过调查，一家规模中等的商店确定可以作为联系的对象。于是，部里派出了成员小王去与这家商店联系。小王来到商店后，进门就拿出自己的学生证，说："你好，我是 ×× 大学的学生，我们学校要办一次晚会，希望你们能够提供赞助。"接下来，他大谈起晚会的背景，指明晚会是为了响应省里繁荣高校文化的号召而举办的，因此商店也应该积极响应省里的精神，为晚会提供赞助。商店里的店长看到小王这副官腔十足的样子，不由得有些心生反感，最终拒绝了他的要求。

小王无功而返，部里又派出了部员小吴。小吴来到商店，进门后，他看了看店长名牌上标明的姓氏，随即亲切地向店长打招呼道："刘店长，您好。""你好。"店长回应道。

"我是 ×× 大学的学生，我们学校最近要举办一次晚会，希望您能够大力支持一下，我们不胜感激。"接下来，小吴不仅向店长解释了商店为晚会提供赞助所能获得的好处，还向店长透露自己经常来这家商店消费，很喜欢商店的营业氛围，博得了店长的好感，最终获得了赞助。

例子中之所以小吴能获得赞助，而小王却无功而返，就在于小吴能够在与店长的交流中使用具有亲切感的话语，拉近了他与店长的距离。在小王与店长的交流中，他开口闭口晚会是为了响应省里的号召，难免会让人觉得他一副高高在上的态度，心里产生反感。而小吴在一开始就懂得用姓氏称呼店长，在谈话中又说明自己是商店的常客，让店长在内心深处对他产生亲近之感，他的请求自然会得到店长的回应。

在实际谈判的过程中，我们在很多方面都可以运用亲切的话语。比如，用沾亲带故的方式来赢得对方的亲近感。所谓沾亲带故就是寻找你与谈判对手之间的联系来拉近彼此的距离。有的时候，这种联系是明显的，比如你和谈判对手之间是老乡，这种情况下想要沾亲带故自然是很容易的，只要向对方点透就可以瞬间赢得对方的亲近感。但是，大部分时候这种明显的联系都是可遇而不可求的。所以，在这种情况下，我们可以努力创造联系。比如说，当对方表示自己的爱好是足球时，即使你不喜欢足球，也可以向对方列举自己身边的球迷，说一句："我有个朋友也喜欢足球。"用这样的方式来拉近彼此间的距离。

另外，在进入谈判场地后，与谈判者打招呼时，我们可以向对方致以亲切的问候。当对手是初次与我们见面时，我们可以在"您好"这样基本的问候后面加上一些"久仰大名""很高兴认识您""早上好”这样的话语，使我们的问候显得更为亲切。如果不是第一次与谈判对手见面，用“小王，您好”“老杜，又见面了”这样的话语会瞬间拉近彼此的距离，消除久未见面的隔阂之感。

总之，在谈判中想要拉近彼此的距离，需要谈判者能够灵活运用亲切的话语。亲切的话语可以赢得谈判对手的亲近，让谈判对手在谈判过程中对我们心存好感，这种情况非常有利于我们提出条件或是避免对方的强势进攻。只要我们能在适当的时候用话语展示出自己的亲和力，就能够赢得对方的心，助我们最终赢得谈判。

感情投资是有用的

我们大多数的人使用的语言倾向于评判、比较、命令和指责，而不是鼓励我们倾听彼此的感受和需要。

——马歇尔·卢森堡

在业务谈判会面中，大家主要是因为业务才聚在一起的，所以即便双方交谈得再融洽，你也有可能被拒绝。一般情况下，商务洽谈都是从被拒绝开始的。

可是，作为一名谈判人员，绝对不能因此而退缩，不妨问问自己：“假如我处在他的位置，我会怎么做？”也就是说，你要设身处地地为客户着想，进行一些感情投资，让对方愿意和你接着谈下去，使对方的态度慢慢软化。

如果你足够有诚意，向客户表现你的关心和友好，客户心情会非常放松，你再跟他谈合作就容易多了。

黄志平是一家公司的老板，他为了扩展业务渠道，几乎想尽了一切办法。这一天，黄志平接到了一张酒会邀请函，这张邀请函是业内某组织发来的，其目的是增进当地商人的交流，以便大家日后能够更好地合作。

对黄志平这种想要认识更多业内人士的人来说，这可是一个难得的机会，因此黄志平自然不会错过。为了做到有备无患，黄志平向主办人询问了参加这次酒会的大概都有哪些人，当他得知有一个商人也会出席时，不禁非常兴奋，因为他一直都想认识这位商人，希望能够与这位商人有业务上的往来，可是一直没有机会，如今有了这样的机会，他当然高兴了。

为了快速拉近与那位商人的距离，黄志平决定送一份厚礼给那位商人。可是，黄志平想了又想，也不知道该送什么才好，因为那位商人不但见多识广，而且非常富有，根本看不上一般的东西，要送就得送一个他喜欢的东西才行。到底要送什么呢？经过多番打听，黄志平才打听到那位商人是一位书法爱好者，就决定送一幅字画给那位商人。

在宴会到来那天，黄志平带着一副字画就出门了。那幅字画是黄志平托了许多关系，从一位著名的书法家那里求来的。

到了宴会上，黄志平设法找机会与那位商人交谈，给那位商人留下了印象。

散席之后，黄志平又尾随那位商人而去，趁四下无人时取出随身携带的那幅字画递给那位商人，说："今天能够认识您真是我的荣幸，为了表达我的敬意，我特意托人求取了这幅字画，请笑纳！"那位商人果然是个书画迷，收到字画之后如获至宝，笑着说："你这份大礼可不轻啊。以后如果有需要我的地方，尽管开口。"黄志平这才把话题转到业务上，果然如愿以偿。

黄志平在给那位商人留下好印象之后，又拿出了那位商人喜爱的字画，一下子打动了那位商人的心，因此那位商人才轻易地就决定与他合作了。由此可见，用感情投资来打动客户是非常有必要的。

要想使客人感受到你的诚意，你要提前对客人进行全方位了解，比如事先了解客户的生活习惯、特长、爱好、大致经历等。这么做不但方便你“对症下药”，还能让客户觉得你的诚意很深厚，使沟通变得更加顺利。电视剧《北京爱情故事》里面的伍媚，就是一个用感情投资打动客户的高手。

伍媚是一家空调公司的销售总监。有一次，她和另外一家公司都想和一位大客户合作。为了谈成这笔生意，她事先详细了解了这位客户的基本情况，特别留意到这位客户信佛。接着，她就开始筹备如何与这位大客户商谈合作事宜。

在邀请客户时，伍媚晚了一步，被竞争对手抢了先机。她没有放弃，因为她留意到当天正是十五，而对于信佛的人来说，每个月的初一、十五都是不能吃肉、喝酒的，必须吃素食。于是，她在竞争对手订餐的那家饭店附近也订了一桌酒席——丰盛的全素斋，然后与客户和竞争对手“不期而遇”。

很自然地，几个人凑到了一桌。菜上桌之后，伍媚惊奇地“发现”桌上没有一个像样的素食，就说：“怎么没有素食呢？今天是十五，我信佛，今天是不能吃肉的。”

客户立刻想起自己也不能吃肉，就说：“是啊，如果不是伍小姐说起，我都忘记了，罪过罪过！今天不能吃肉，不能吃肉……”

竞争对手慌忙让服务员把桌上的饭菜撤了换成素食，可惜这家饭店以荤菜为主，无法满足竞争对手的这一要求。

于是，在伍媚的提议下，客户和她一起来到了全素斋。两人谈得非常投机，真有些相见恨晚的感觉。订单也很自然地到了伍媚手中。

正是因为伍媚事先对客户的私人情况做了了解，才及时通过贴心的感情攻势，打动了客户，最终赢得了订单。

很多人觉得，谈判是严肃的，在正式场合谈的往往都是公事，你很少有机会让客户感受到你的关心。其实不然，谈判随时都会有，很多谈判都是在饭桌上进行的，吃饭的时候，关心一下对方，很可能就为你赢得了机会。

孙明是某商贸公司的一名业务员。有一次，部门主管带着孙明去某饭店和客户谈业务。

点菜时，部门主管按照惯例点了海鲜。孙明却另外点了一些面食，因为他听说客户是北方人，而北方人普遍喜欢吃面食。没想到客户果然对面食赞不绝口。

过了一会儿，孙明借故出去了一会儿，回来时拿着一盒缓解胃痛的药。原来，细心的孙明发现，客户好像胃口不太好，而且客户偶尔还会用手摁摁胃部。孙明想起自己以前患胃病时一吃东西就是这个症状，就到饭店附近的一家药店里买了那盒缓解胃痛的药，什么话也没说，只是会意地把药递给了客户。

虽然孙明并没有说什么动听的话，可是客户见孙明如此注重细节，而且这么关心自己，顿时对孙明充满了好感，第二天就和孙明签了合同。

孙明能够取得客户的信赖，就是因为他能够在合适的时候关心客户，让客户感受到了他的关爱。将心比心，客户见孙明能为自己着想，自然也会为孙明着想。

人并不是机器，谈判的时候不会完全理性和讲原则，多数时候存在感情偏向。因此，如果你巧妙地通过感情投资影响对手的感情，让对手对你产生了好感，谈判也就成了一大半。我们在与别人进行谈判的时候，不要总是把对方当作是敌人，有时候要把对方当作是自己的朋友，关心他们，帮助他们，当你打动了他们的心，再说服他们可能就简单多了。

想让别人敞开心扉，你首先要吐露心声

愿除了寻求心灵的加深之外，友谊没有别的目的。

——纪伯伦

人都会有烦恼、低落的时候，这种负面情绪有时能够自己进行排解，有时却不得不求助于他人的安慰。我们和朋友聚在一起谈天说地，向朋友诉说自己的烦恼，倾听朋友的心里话。这些互动可以为我们自己解压，也让友情更牢固。但是，如果你有这样一位朋友，你发现她被一些心事折磨得很是心烦，但是她似乎又不愿意向你倾诉，你该怎么办？

佳佳和雯雯同在一家百货公司上班。佳佳乐观爽朗，喜欢直话直说，而雯雯是个比较内向的人，不大愿意说话。两个人一静一动，在性格上彼此互补，关系处得十分不错。

最近一段时间，佳佳发现，雯雯做起事来总是心不在焉，时常出神，情绪也不大好，提不起精神，显得郁郁寡欢，似乎有什么烦心事。佳佳问了雯雯好几次，但每次她都是支吾着敷衍过去。佳佳暗自思忖雯雯的反常。她想，平日里一直来接雯雯下班的男孩最近为什么都不来了？难道雯雯是失恋了吗？如果真的是失恋了，那么雯雯现在心里一定很痛苦。她本来就是个内向的人，即使有烦心事也不轻易告诉别

人，宁愿自己默默忍受。眼见雯雯一日日地心烦下去，佳佳决定主动出击，套出雯雯的心里话。

这天，两个人在一起吃饭。佳佳忽然开口道："我有一个秘密，憋在心里好久了，一直希望能向别人讲出来。你能听我说说这个秘密吗？"雯雯听了佳佳的话，又看到她严肃的表情，便摆正姿势全神贯注倾听起来。

"这件事我对谁也没有讲过，但它确实发生过。两年前，我和男朋友分手了。那段时间特别难熬，我一时想不开，竟然想到了自杀。"佳佳一边讲着，一边观察着雯雯的反应，她发现自己在提到"与男朋友分手"这件事时，雯雯有着不同寻常的反应，佳佳心里便有了主意——雯雯的烦心事确实是与男朋友有关的。

"我买了安眠药，但是当我真的把那些药片放到手心里时，我又犹豫了。窗外的阳光那么明亮，鸟儿在树梢上鸣叫，外面传来小孩子打闹的嘻嘻哈哈声。那一刻，我发现我还是舍不得这些美好的事物的。这个世界上有让人难过得要死的事情，失恋就是其中之一。但是也有能让人重新开始生活的事情，我庆幸自己在那一刻发现了这个世界的美好。我放下了药片，把它扔进了垃圾桶。随后，我决定重新开始。我离开了原来的城市，换了工作换了环境，一切又有了新的起点。现在，我又有了新的男朋友。回想那个时候自己真的是很傻，失恋有什么大不了呢？谁没有失恋过一两次呢？如果我当时真的吞下了安眠药，现在也没法坐在你面前向你说这些事了。我不知道你最近以来一直是在为什么事情烦心，但我猜大概是和你男朋友有关吧。我看他最近都不来公司接你了。不管你想不想跟我说你的心里话，我只想告诉你，一切都会过去的，没有什么大不了。”

看到佳佳如此真诚地向自己诉说心底的秘密，雯雯只觉得内心一阵温暖。眼前的朋友可以把她的秘密告诉自己，自己为什么不能把心里话说出来呢？终于，雯雯向佳佳敞开了心扉。原来雯雯的男朋友要和她分手，雯雯尽管还喜欢着他，却不愿意死缠烂打，最终离开了对方。雯雯将自己内心的痛苦尽数向佳佳倾诉，郁闷的心情立刻得到了释放，顿时感觉轻松了不少。后来，雯雯每日都找佳佳倾诉，终于度过了这段难熬的日子，重归平静的生活。

在这个故事中，佳佳用自己的秘密，换取了雯雯的心事，实际上就是一种谈判心理策略的运用。佳佳知道，要想让雯雯说出自己的心里话，就要让她信任自己，而率先说出一个自己心底的秘密，不仅能让雯雯产生与她同病相怜的感觉，也能让她感受到自己的真诚，对自己产生信任。

我们在与人交往，包括谈判的过程中，会遇到各种各样的问题，如何让别人向你敞开心扉就是其中之一。运用谈判心理学，可以让你在交往中获得对方的信任，让你们的关系更进一步。不过，这种“交换秘密”的策略在运用时，也有需要注意的地方，如果应用不当，很可能会弄巧成拙。

第一，你向对方说的秘密一定要是真的。这种策略能够打动人的地方就是真诚。你用真诚的态度来向对方坦露自己的心，对方才有可能会放下戒备，敞开自己的心。但是如果你讲的秘密是假的，一旦对方识破，很可能会导致非常严重的后果，让你们的友情破裂。也有人会寄希望于自己高超的说谎技术，认为即使是假的秘密，对方也看不出破绽。但是谎言毕竟是谎言，尤其是面对与你朝夕相对的朋友，即使现在蒙混过去，也难保未来某一天会让人起疑心。所以，如果你真的关心自己的朋友，就用一个你心底真实的秘密，来换取他的心事吧。

第二，你不必说出自己所有的秘密。每个人心底的秘密都不止一个两个。在应用“交换秘密”策略时，你只需要讲出一个秘密来作为诱饵就可以了，而不是把自己的秘密全都抖出来。否则，本来的目的是为了劝慰朋友，最后却变成了你一直在倾诉，朋友只顾着听，也就没有什么心思再去说自己的秘密了。

制造认同感

如果他有认同感
也许是与石头
和那种不太易碎有着灰色光芒的砂岩
它有着一千道燧石的眼睛
如果他有深深的联盟感那肯定是和石头
这根本不是恒定的理想 这石头
是可以改变的 在阳光下它懒慵如月亮般发光
而当暴风雨临近时它变成暗黑的石板如同乌云
接着贪婪地吸吮雨水和水扭斗
甜蜜的湮灭力量的角逐自然力的抵触
都是既美好又可耻的
因而最终将在由雷电烘干的大气中醒来
难为情的汗水穿越在情欲亢奋的迷雾之中

——齐别根纽 · 赫伯特

在生活中，人们常常会对在某方面与自己具有相同或相似特点的人产生共鸣，进而对对方产生认同心理。产生认同心理的人在交谈合作的时候，会显得更加顺从。因此，我们在与人谈判的时候，要学会利用这种认同心理，先制造出共鸣。

当我们与他人初次见面时，对方往往会因为陌生感而在心里建立一道防线。在这种时候，如果我们能够让对方注意到我们在某一方面与对方相似，就能够制造出共鸣。当对方对我们产生认同心理，便很容易撤去自己的心理防线。等到对方对我们不设防的时候，再将话题引入到谈判上面，就能更容易地打动对方。我国古代就有这样巧妙的谈判案例，便是著名的《触龙说赵太后》。

赵太后执政之初，秦国看到赵国国君年幼，就加紧进攻赵国。赵太后派人向齐国求救。齐国却说只有让赵太后的小儿子长安君做人质，才会发兵救援。

赵太后心疼自己的儿子，拒不答应。大臣们以大局为重，纷纷劝谏赵太后。哪知道赵太后不仅不同意，反而说："如果有谁再敢说让长安君去做人质，我一定朝他脸上吐唾沫！"

众臣毫无办法，这时候左师触龙去见太后。触龙步履蹒跚，但是仍旧小跑着来到太后面前。他绝口不提人质的事情，而是说："我的脚有毛病，跑不动了，很久没来看您了。"还问询太后的健康状况。

太后回答说："我全靠坐车走动。"触龙又和赵太后谈起了老年人饮食起居的事情。说到这里，赵太后大有同感，情绪缓和了很多。

之后，触龙又提到了自己的小儿子，说自己十分疼爱小儿子，想要为他谋取一份差事。说到这里，赵太后自然想到了长安君的事情，她本以为大臣们劝谏自己，说明他们不懂得疼爱儿子，因而感叹道："原来男人也疼爱儿子啊！"触龙马上说，男人对儿子的疼爱，要超过妇人。

等到赵太后极力否认的时候，触龙又提出自己的意见，他认为赵太后如果真的疼爱长安君，就应该给长安君机会，让他为自己的国家做贡献，以此来提升自己在国内的地位，这样才有利于以后王位的巩固。

话讲到这里之后，赵太后终于明白了过来。于是，触龙顺利说服了赵太后，使她同意派长安君到齐国做人质。

触龙在说服赵太后的时候，非常巧妙地引起了赵太后的共鸣。他先是谈到了老年人的身体，谈到了日常保养的问题。这正是赵太后深有同感的地方，谈这个话题的时候，赵太后在心里将触龙当作是自己的老朋友，心理防卫完全卸下了。然后，触龙讲到了长辈对儿女的疼爱，这也是赵太后最有感触的地方，一番交谈下来，赵太后自然认同了触龙的建议。为什么触龙能这么巧妙地使赵太后产生认同心理呢？非常重要的一点就是他能够找到他和赵太后的共同点，他们都年迈了，都有自己疼爱的后辈，这就是突破口。

确实，制造共鸣的一个重要方法就是发掘谈判双方的共同点，努力营造一种“英雄所见略同”的感觉，这是赢得谈判的最关键因素之一。营造认同心理最好的方式之一，就是在谈判刚刚开始的时候求同，提出双方一致认同的某些观点，让对方觉得自己和你看法相同，战线相同，这样谈判自然会向着一种更和谐更融洽的方向进展，然后，慢慢诱导，谈判就更容易取得成功。

俄国十月革命刚刚取得胜利的时候，一群革命武装者涌进了象征沙皇反动统治的皇宫。看到气派的皇宫之后，人们联想到自己的苦难生活，非常气愤，群众情绪激动，纷纷叫嚷着要烧了皇宫。一些不太激进的革命知识分子去劝说，可是没有什么效果，眼看皇宫就要毁于人们的怒火之中了。

列宁得知这个消息之后，急忙前往现场。看着这些情绪激动、高举火把想要烧毁皇宫的民众，列宁说："农民兄弟们，我的意见和大家是一样的，我也赞同烧掉皇宫。不过，在烧毁它前，大家能否听我讲几句话？"

农民看到领袖和自己的意见一致，非常高兴，回答说："可以，你讲吧！"

列宁问道："在我们革命之前，谁霸占着这个皇宫呢？"

大家齐声回答："残暴的沙皇统治者。"

列宁话锋一转，又问道："那么，请大家仔细想想，是谁辛辛苦苦地建造了这座皇宫呢？"

大家又异口同声地回答："当然是我们劳苦大众啊！"

看到大家这么说，列宁心里有了谱，接着说："大家在修建这个皇宫费了不少力气，流了不少汗，难道大家不应珍惜自己的汗水和劳动吗？我问大家一句话，我们劳苦大众建造的皇宫，能不能让劳苦大众的代表住进去？"

农民们听到这里之后，陷入了平静，最终他们点头表示赞成。这时候，列宁接着追问："现在，大家还要烧毁我们辛苦建造的皇宫吗？"

农民们大声回答："不烧了。"

列宁之所以能够成功劝阻情绪激动的民众，就在于他让大家感觉到他与大家站在同一个立场，他的想法就是自己的想法。这样的共鸣产生了，意见也就容易达成一致。

确实，双方谈判的时候，都想要对方接受自己的意见，这样一来，难免心怀戒备。因此，我们在谈判的时候，要想打开对手的心扉，就要细致地观察对手各个方面的特点，努力了解自己与对手的相似点，为我们与对手之间制造共鸣。共鸣意味着双方有过共同的心理体验，这种共同的心理体验会让谈判对手对我们产生认同心理，有助于我们最终取得谈判的成功。

以情动人

亲密就是越过一种距离，我们抵达对方的内心与之对话。

有这样一句话：“人心都是肉长的。”人是有感情的，人心总是会被一些感性的事情打动。因此，我们在谈判的时候也不要只会生硬地讲理，而是要学会运用情感的力量，以情动人。

也就是说，我们不仅要讲道理，还要通晓人情。想要说服对方的时候，先仔细揣摩对方的感情和心理，组织自己的话语，打动对方。等到感动了对方之后，再讲事实摆道理，也就更容易让对方接受我们的意见。

一般情况下，人们在与人交流的时候，潜意识里总存在一种防范心理，这是一种自我保护。而以情动人则是消除这种防范心理的最佳武器，通过一些充满真情的话语和行为，能够让对方的感情冲破这层防卫，你就能够抵达对方的内心，改变对方的想法。

安妮的父亲去世之后，她继承了父亲的事业，经营父亲留下来的一家家电制造公司。经过一段时间的观察，安妮觉得公司的产品已经比较落后了，因此，她决定组织一个研究团队，专门进行产品研发工作。

研究团队主要有五个研发专家，沃尔是他们的领导，也是最有才华的一位。但是，他的脾气比较暴躁，工作的时候比较固执，研发组的其他人几乎都和他争辩过。几个研发成员的住处离公司都比较远，安妮看到大家来回奔波，就想要在实验室附近为大家租房子，让大家节省在路上的时间。对于这件事，研发组的同事们非常赞成，唯独沃尔不愿意。安妮尝试了几次，难以说服他。

一天，沃尔又和团队中的一位研究员争得面红耳赤。安妮发现之后，赶紧过去劝解，但是，暴躁的沃尔连老板的面子都不给，仍旧吹胡子瞪眼睛。正在这时候，沃尔的小女儿跑了进来。小女孩看见她爸爸暴躁的样子，吓得大气不敢出。沃尔看到自己的女儿之后，态度马上发生了转变，他连忙跑过去抱着女儿，温柔地安慰。

看到这一幕之后，安妮终于知道了怎样制服这个固执的老头子。回公司之后，安妮立刻带人按照小女孩的喜好把为沃尔租的那套房子装修得漂漂亮亮，然后，她又想办法带着沃尔的小女儿到屋里玩。很快，小女孩就喜欢上了这所漂亮的大房子。安妮还告诉她说："这是你和爸爸以后要住的房子，你喜欢吗？想要搬过来吗？"小女孩连连称是。

第二天，安妮又去劝沃尔："你还是搬到公司租的房子里住吧，你住的地方太远，路上要耗费很多时间，你女儿跟我说，好几次等着见你都等睡着了。"沃尔毫不犹豫地拒绝了。安妮狡黠地说："搬不搬只怕由不得你。"沃尔听到这里，没好气地说："难道你还能强迫我搬过去不成？"安妮笑了："我不能，但是有人却可以。"

这时候，沃尔的小女儿跑过来，娇声娇气地说："爸爸，阿姨带我去看我们的大房子了，我好喜欢啊！她说我们很快就搬过去，对吗？搬过去的话，你每天就能早一点回去陪我玩了，对吗？"沃尔一下子语塞了，他亲吻着女儿的额头，动情地说："是的孩子，我们很快就要搬到那里去了。"

安妮的说服办法，就是典型的以情动人，她的诱饵就是沃尔的女儿。沃尔非常固执，但是女儿却是他的弱点，通过这一点，很容易就能够打动他的心。

谈判不仅是晓之以理，还包括动之以情，两者结合才能更好地达到效果。情其实很好找，事实上，我们生活中接触的很多人都与我们有着密切的关系，这种关系就是感情所在，比如同学情、兄弟情等。我们在说服别人的时候，一定要善于利用这一点。

蒋介石去世的时候，蒋纬国的军衔是中将。那时，他已经做了14年中将了。根据当时国民党部队的军衔制度，中将当了14年之后，如果还未晋升为上将，就应该取消军衔，强制退伍。蒋纬国必须要晋升上将，才能够继续留在部队。现在父亲去世了，而哥哥蒋经国似乎不打算将自己提为上将，为此，蒋纬国非常头疼。

蒋介石丧事办完之后，宋美龄准备去美国定居。宋美龄临走那天，蒋纬国早早地赶过去送自己的母亲。当天，他穿了一套军装，还佩戴了所有的勋章勋标。看到儿子穿着军装来送自己，宋美龄觉得非常奇怪。

当宋美龄询问原因的时候，蒋纬国回答："这是因为再过一段时间我就不能再穿军装了，今天妈妈要走，我特地穿上，让妈妈再看看我穿军装的样子。”宋美龄非常疑惑，问道：“为什么过段时间就不能穿了？”蒋纬国就说了自己快要退伍的事情。

宋美龄问道：“那何应钦做军官也很久了，为什么可以继续穿军服？”蒋纬国借此告诉了宋美龄军中的军衔制度。宋美龄听了之后，马上明白了小儿子的心事。

不大一会儿，哥哥蒋经国到了，宋美龄找机会问他：“纬国做中将做得还好吧？”蒋经国以为母亲是随便问问，因此顺口回答：“他做得很不错啊！”宋美龄追问：“既然很不错，为什么要让他退伍呢？”

这时候蒋经国才明白到底是怎么回事，只好应承下来：“哦，纬国中将期龄到了，没事，我马上准备给他晋升上将。”很快，蒋纬国顺利晋升上将。

中将升上将不是小事，蒋经国之所以不打算给弟弟晋升，可能有某种理由。如果蒋纬国直接说出来，可能得不到哥哥的支持，蒋经国或许会给出很多不能晋升的理由，那样的话就麻烦了。但是，蒋纬国并没有只采用说理的办法，而是巧妙地把升军衔的事情转移到了穿军装上面，将理性的事情转变为了感性的事情，这样一来，借助着自己的母亲，轻易说服了哥哥。

一味说理，不一定能够说服别人。如果加上感情，就能更容易地打动对方的心，谈判筹码也就增加了。因此，当实际谈判中说理难以说通的时候，我们要学会用感情为诱饵，直达对方内心薄弱的地方，让对方难以抗拒。

◤第六章　五种让别人喜欢你的方法

成功的必要元素中，80% 都属于精神层面。

SIX

谈判不是单纯的对抗

谈判力，是人生最丰厚的礼物。

美国心理学家曾经做过这样的实验：8 名年轻的心理学工作者分别到美国不同地区共 12 家精神病医院去，声称自己出现了幻听。结果，这些医院全都把他们当作是精神病人，让他们住进了医院。

这些心理学工作者住进医院后，行为表现完全像是一个正常人。但是，他们的一切正常的行为都被认为是精神不正常的表现。他们写作，医生们会认为他们有“写作症状”；他们思考，医生们认为他们有“痴呆症状”。甚至，由于他们不像大多数的精神病人那样大吵大闹，而是安安静静地读书、写作，所以被看作是“最危险的病人”。但是，他们确实是最正常的人，是博学多识的学者。

通过这项实验，美国心理学家发现了定型化效应，说的是人们对某一类人或者事物所产生的定型化印象。比如说，医院护士这样的普通人，一旦认为一个人有精神病，那么这个人的任何行为在他们眼里都是不正常的。睡觉被称作“嗜睡行为”，偶尔发脾气被称为“癫狂行为”，要求出院被称为“妄想行为”，甚至连像常人一样地写作和与人交谈都被当成是不正常的。

定型化效应经常会表现在谈判中，人们会对自己的谈判对手进行评估，第一次评估之后，很多人会形成一种刻板印象，认为自己的对手就是一个固执的人，或者是一个暴躁的人，接下来的谈判中，他们就会按照既定的策略去对付自己的对手。但是，这样一来，人们往往会陷入谈判误区，使谈判成为单纯的对抗，进而遭遇困难。

格里斯开了一家杂货店，由于杂货店地处十字路口，生意还不错。一家大型超市做了一番市场调查，之后决定在格里斯的杂货店对面开设一家连锁店。由于资金雄厚、货源充足、货物齐全，这家连锁店的生意非常好。不过格里斯的杂货店并没有垮，因为长时间以来，他积累了很多老客户，还有一些特色商品也是连锁店没有的。

格里斯非常痛恨这家连锁店，认为他们想要把自己挤垮。

一天，连锁店的经理找到了格里斯，表示连锁店愿意与他合作。格里斯断然拒绝，他认为这家连锁店是想要吞并他的店。接下来几天，他非常苦恼，甚至心生怨恨，他受不了这种折磨，于是向牧师求助。

牧师对他说："如果你对这家连锁店充满怨恨，怨恨就成了你真正的敌人。你应该做的是让自己保持一个良好的心态，甚至祝福对手，这样你的祝福就会变成福气来回报你。如果你一直怨恨下去，只会伤害你自己。"

格里斯听了，觉得更加痛苦，可也没有其他办法，只好按照牧师说的去做了。经过几次接触之后，格里斯发现连锁店很有诚意，愿意赔他一大笔钱，并聘任他作为连锁店的销售主管。经过一番考虑之后，格里斯同意了。

后来，连锁店的经理因为经营有方，被调到了总店。出人意料的是，格里斯竟然被聘为那家连锁店的下一任经理。以前，格里斯一个人管理自己的杂货店，什么都需要自己操心，现在，他轻松了不少，收入却更多了。回想之前自己对于合作的排斥，格里斯感慨万千。

格里斯之所以断然拒绝与连锁店合作，就是由于存在偏见，不问清楚合作细则，认定连锁店是想要吞并自己的杂货店。在这样的成见之下，谈判自然寸步难行。

确实，刻板印象形成后往往很难改变，而且这种刻板印象对人的影响很大。市场咨询公司在招聘入户访问的员工时，一般都倾向于招收女性。因为大多数人都有一种刻板印象，那就是女性大多善良、温和、娇弱，不会对人构成威胁，因此到别人家访问的时候不会引起强烈的戒备和反感。男性则不同。在人们的印象中，男性都是力量的代表，强壮有力，容易暴躁，大多与暴力和攻击联系在一起。尽管男性、女性的区别并不是这样绝对，其性格也会因人而异，但是从类似的社会现象就能看出，刻板印象对人形成了多么大的影响。

虽然刻板印象对于谈判不利，但也并不是完全没有道理，只不过人和事物并不是“类型”的，而是“个性”的，刻板印象也只是人的一种概括而笼统的看法，并不是在任何情况下都是正确的，所以，在遇到具体事情时，人应该打破原本存在的刻板印象，详细了解情况，准确做出判断，尤其是当你对对方的印象是负面形象时，一定要谨慎验证，以免使后面的谈判变成单纯的对抗和争斗。

如何让人感觉到被尊重

尊重会拉近你与谈判对手之间的距离。

每个人都有自尊心，希望自己能够得到别人的认可和尊重。一个人受尊重的需要如果得到满足的话，他会对自己持肯定态度，认为自己是个有用的人。而这种需要如果得不到满足，就会让人产生自卑心理，对自己持否定态度。在生活中，当一个人感觉到对方不尊重自己时，他会因为自我防卫的心理而对对方产生抵触情绪，甚至产生敌意。

在谈判中，谈判对手也同样希望能够得到他人的尊重，如果在谈判场上不加注意，表现出对谈判对手不尊重的语言或行为，会让对手在内心对你产生抵触心理，心存敌意。在谈判过程中，这样的心理往往会让他们选择与你针锋相对，让你的谈判过程异常艰难，与对方陷入激烈的讨价还价之中。相反，当对手感觉自己被尊重时，他会认为自己得到了认同，进而对对方产生好感，从内心里接受对方。在谈判桌上，你表现出的尊重会拉近你与谈判对手之间的距离，让谈判双方的磋商能够更顺利，最终助你取得谈判的成功。

据说，朱元璋建立明朝后，他从前乡下的穷朋友来求见他，希望能谋得一官半职。见到朱元璋后，这位穷朋友发现朱元璋虽然做了皇帝，但是面貌上似乎与从前没什么两样，便一时间忘乎所以，同朱元璋叙起旧来。他说："皇上万岁！你还记得我们从前的事情吗？那时候我们给地主家放牛，你在芦花荡里偷来了一些豆子。我们就把这些豆子放到瓦罐里煮着吃。豆子还没煮熟，我们大家就抢着吃，结果豆子都掉到了地上。你又从地上抓起豆子吃，结果把红菜叶子也一同吃进了嘴里。红菜叶子卡在你的喉咙里，上不得下不得，让你苦不堪言。后来，还是我出了个主意，让你吃下青菜叶子，才把红菜叶子一同带了下去。"这位穷朋友原想朱元璋听到这些儿时的旧事会念及旧情，没想到，朱元璋在听完他讲的这些后却勃然大怒，命人将他斩首。

后来，朱元璋的另一位穷朋友也来到京城，进到皇宫里求见皇帝。他同样也讲到了这段往事，他说："皇上万岁！当年臣下随御驾扫荡芦州府，打破罐州城，汤元帅在逃，拿住了豆将军，红孩儿当关，多亏了菜将军。"朱元璋听了他的话，笑了起来，念及当年的情谊，封这位穷朋友做了御林军总管。

同样的一段往事，两个人以不同的方式讲述出来，得到的是截然不同的对待。第一位穷朋友错就错在没有顾忌到朱元璋的感受。朱元璋毕竟今时不同往日，是高高在上的皇帝，别人如此直言说出他当年落魄时那些上不得台面的往事，难免会让他觉得没有面子，而且会觉得对方不尊重自己，从而恼羞成怒起了杀心。而另一位穷朋友，他所说的话巧妙地暗示了当年发生过的事，但是又不会让朱元璋觉得难堪，因而让朱元璋忆起了当年的情谊，最终为自己争取到了荣华富贵。

在谈判中，想要让对手感觉到你对他的尊重，首先就要准确地记住对方的名字。在任何交际场合，草率地对待别人的名字都是一种不礼貌的行为，倘若你与对方不止见过一面，再见面时却忘记了对方的名字，难免会让人心生不快。在谈判场上，遇到有过一面之交的谈判对手，如果我们能准确地叫出他的名字，就会很好地体现出你对他的尊重，让他心里有一种满足感，觉得自己很受重视。

在谈判过程中，还应该注意在任何时候都给对方留下一些面子。谈判场上的局势往往变化多端，会发生各种各样的情况，无论是谈判者本身，还是谈判对手，都难免会有犯错的时候。如果谈判者抓住谈判对手犯下的某些错误不放，没完没了地批评、讽刺对方，不给对方留面子，对方一旦忍无可忍情绪爆发，很可能就会发生冲突。所以在谈判中，一定要注意得饶人处且饶人，为谈判对手留一些情面。如果你在这种情况下能够表现出对对手的尊重，那么在接下来的谈判过程中，如果你遇到了同样的情况，对手也会念及你曾放他一马，而给你留下面子。

此外，谈判中的交流也能够体现出你对对方的尊重。一方面，当对方在发表自己的观点时，切忌随便打断对方的发言。即使是在生活中，当我们说话时，别人不管不顾地插进来，我们也会心生不快。而在谈判场上，如果你打断谈判对手的发言，肯定会让其心生不快，有被藐视之感。一旦有了这样的心理，谈判对手就会对你产生敌意，在谈判过程中与你针锋相对。另一方面，轮到你发言时，一定注意不要只顾着自己，要在说话的过程中注意对方的反应，为对方留一些表达意见的空间。有些谈判者，口若悬河滔滔不绝，只顾将自己的观点展示出来，而不给别人一丁点儿说话的机会，这样的谈判者会让人产生目空一切、自高自大的感觉。如果你在谈判中不顾忌对手的感受自说自话，也会让对手觉得你不尊重他，从而对你产生抵触心理。所以，在谈判中表达自己的思想时，一定要注意与谈判对手的互动，让对手感觉到你对他的尊重。

抓住稍纵即逝的同情

我们想让自己和他人都避免陷入困境，可以利用人们的同情心，或者像使用武器一样胁迫受害者。

平常人都有同情心，当一个人看到别人遇到了困难，或者遭受了不幸的时候，会产生同情心，不自觉地想要关心和帮助对方。因此，我们要善于利用人的这种心理，在对方占优势或者想要提出某种要求的时候，我们可以显示自己的困难，装出一副可怜的样子，让对方不自觉地愿意帮助我们。

有一位著名的女作家曾被怀疑抄袭别人的书稿。这件事被一家报社报道之后，人们纷纷指责这位女作家，一时间，她被各方面的批评声音压得抬不起头。事情曝光一个月后，一家电视台专门派了一个记者对这位女作家进行专访，让她谈谈这次抄袭事件。

采访女作家的记者非常憎恨剽窃别人书稿的人，她看到女作家时，脸上带有稍许的愤怒，一开始就提出非常尖锐的问题。看到记者来者不善，女作家并不生气，她中断了采访，轻声询问记者："我们的时间很充裕，先不着急采访，喝杯茶吧，我们慢慢聊。"

对于这个要求，记者并没有拒绝。一会儿，女作家端来一杯热茶，给记者倒上。等到女作家给自己倒茶的时候，她一个不慎，手指被烫到了，她一声惊叫，茶杯被打翻在地。等到女作家收拾好之后，她的面容显得非常疲惫，头发也有些凌乱，然后，她拿出一根女性香烟，正要点燃的时候，记者提醒她香烟拿倒了。女作家反应过来之后，赶紧反过来，可是打火机似乎又坏了，她笑了笑，无可奈何地将香烟又放了回去。

女作家苦笑着说："哎，真不好意思，让您见笑了。"记者连忙摆手，她看着这位知名作家连出洋相，觉得自己不能咄咄逼人，一上来就带有情绪。于是，记者心平气和地和女作家攀谈起来，这次采访在和谐的气氛中完成。

无论女作家是有意还是无意，她的一系列举动都引起了记者的同情。当看到这些之后，记者已经把女作家当作是一个可怜的人来对待，不再是当作一个剽窃别人书稿的可恨的人。女作家在采访之前，拉近了自己和记者的距离，使自己免于受到强硬而锋利的攻击。

懂得示弱的人之所以能够赢取别人的同情和帮助，是因为他们把自己放在一个更低的位置，隐藏了自己的攻击性，成全别人的好胜心，将别人的锐气也消除了。我们和别人谈判的时候，如果能激发对方的同情心，让其不忍心攻击我们，就再好不过了。另外，如果想要获得别人的帮助，博取同情也是一个好办法，当你赢得了别人的同情，也就能更容易赢得别人的支持。

美国有一位年迈的老妇人，她的丈夫在战争中牺牲了，她一个人孤苦伶仃，年老之后，只能靠政府发放的抚恤金生活。这样的生活没有持续多久，她遇到了一个麻烦事。抚恤金出纳员告诉她要先交一笔手续费才可以继续领取抚恤金。

抚恤金本就不多，老妇人只能勉强度日，根本没有剩余的钱来交手续费。所以，她只好向律师求助。她找到一家律师事务所，接待她的是林肯。老妇人刚一开口，眼泪就止不住地流下来。她向林肯律师讲述了自己这么多年的生活是多么孤单和艰苦。林肯律师听了，十分同情这位老妇人，决定要免费为她打官司。

开庭那天，林肯律师在法庭上对那位出纳员提出了控诉，但是，由于出纳员向这位老妇人索要手续费仅仅是口头的，所以林肯在提出控诉时，拿不出任何证据。

形势对林肯和老妇人一方很不利，因为他们不但拿不出出纳员勒索的证据，还被出纳员反告诬陷。林肯见到这种情况，心里盘算着，怎样才能扭转形势。他叹了口气，撇开了出纳员对老夫人的勒索不说，直接说起了老妇人的苦难身世和这么多年的艰苦生活。

林肯详细地跟人们回顾了以前英帝国主义是如何对人民进行残酷压迫的，然后又眼含泪花地赞叹了以老妇人的丈夫为代表的那些无数的普通士兵是多么伟大，他们奔赴战场，忍饥挨饿，饱受艰辛，用自己的鲜血和生命换来了人们现在的和平幸福的生活。林肯说：“我想，这些革命先烈为祖国和人民捐躯是一定不会后悔的，然而，他们去世了，离开了自己的家人，不能再照顾她们，而他们唯一的愿望应该就是让自己的家人能够受到社会的保护和关怀。”林肯律师指着那位年迈的、已经哭得不成样子的老妇人，接着说道，“她们自己坚强地生活了这么多年，现在年老了，没有力气了，我们难道不应该关怀她们、帮助她们吗？她得到的抚恤金本就微不足道，我们还要勒索走，真的忍心吗？”

林肯越说越动情，法庭上的人们纷纷抹眼泪。这个时候，那个被告出纳员也良心发现，当场承认了自己的错误。最后这场官司以林肯和自己当事人的胜利而告终。

林肯之所以能够在形势不利的情况下完成逆转，最终赢得官司，最重要的原因就是他赢得了法庭包括对手的同情。由此可见，每个人都有强烈的同情心，它影响着人们的选择、言谈和行为。

通过示弱，引起别人的同情心，能够帮我们获得支持。这是一种非常有效的谈判策略，当你有意展示自己的困难的时候，会让别人的注意力转移，他们注意到了你的困难，同情你，也就更容易为你做出让步。

低姿态地倾听

人最大的欲望莫过于受到外界的关注。

每个人都渴望被别人关注，都有倾诉的需求。当这样的诉求被满足的时候，人们会对倾听者产生好感，这时候，对方有什么诉求，人们也愿意效劳。因此，我们在与人谈判的时候，不仅要会说，还要懂得耐心聆听。耐心倾听他们的话语之后，他们会觉得我们给予了他们足够的尊重，有了这样的初步亲近之后，谈判就可能会顺利许多。

现实中在听人说一些与自己无关的事时，很多人都难以耐着性子听下去，甚至显出不耐烦的样子。还有一些人，只因为觉得聆听别人说话会显得自己低人一等，因此不愿意聆听。这么一来，就会促使说话者提前中止谈话，这是不可取的。既然大家坐在一起谈话，那就有事需要商量，如果你不愿意听别人诉说自己的心声，又怎能达到交流的目的呢？所以，谈判的时候，不仅要会说，还要会听。

世界上很著名的推销员乔·吉拉德也非常善于倾听。不过，乔·吉拉德在一开始并未意识到倾听的重要性，直到他因此错失了一单生意。

一次，一位顾客到乔·吉拉德工作的车行买车。乔花费了很多心机，终于帮这名顾客选定了一辆车。随后，两人朝乔的办公室走去，准备签订买车合约。

路上，顾客向乔说起了自己的儿子，并自豪地说："我的儿子就要做医生了！"

乔却只是敷衍了一句："那太好了！"

顾客继续说："我儿子很厉害吧？当他还是个小婴儿的时候，我就知道他日后一定能成大器。"

乔说："他读书时成绩一定很好吧？"

顾客兴奋地说："在班里一直名列前茅。"

乔心不在焉地问："那他毕业以后打算做什么？"

"我刚刚不是说过了吗？他要做医生！"

"哦，那太好了。"乔说。

顾客看着乔那张淡漠的脸，忽然意识到他并没有认真听自己说话。顾客很是失望，说："哦，我该走了。"说完，他便匆匆离开了。

乔站在原地，有些摸不着头脑。

晚上，他对今天一天的工作做了总结，并决定于第二天打电话询问那位顾客是否愿意再来看车。

顾客在收到他的电话时，对他说："不好意思，我已经从别人那里买了车。"

乔说："是吗？"

"是的，我从一个懂得倾听我的人那里买了一辆车，当我跟他说起我的儿子时，他给了我那么真诚的回应和赞美。而你，乔，你根本没有认真听我说话。对你而言，我的儿子是否会成为医生根本就不重要。既然如此，现在我就告诉你，你是个笨蛋，当你的顾客跟你讲述他的事时，你一定要全神贯注地听着。”

至此，乔·吉拉德终于明白自己犯了一个多么严重的错误。自此之后，不管顾客对自己说什么，他都会认真聆听，并适时做出回应。这使他在顾客中赢得了极好的人缘，销售业绩也节节攀升。

著名历史小说家高阳在描写“红顶商人”胡雪岩时，就曾这样写道：“其实胡雪岩的手腕也很简单，胡雪岩会说话，更会听话，不管那人是如何言语无味，他都能一本正经，两眼注视对方，仿佛听得极感兴趣似的。同时，他也真的是在听，紧要关头补充一二语，引申一二义，使得滔滔不绝者有莫逆于心之快，自然觉得投机而成至交。”

倾听对于沟通是至关重要的，那么，怎样做好倾听呢？很多人都认为倾听是一件很简单的事情，只要一边吃东西一边一言不发地坐在那儿听着就可以了。事实上，仅仅像木头似的坐在那儿聆听是不够的，还要带上亲切、自然的微笑，凝神关注，并适时地做出回应，这样对方才愿意继续跟你交流，使双方达到谈判协商的目的。

要想成一名谈判高手，一方面要会说，另一方面还要会听。很多时候，倾听甚至比说话更重要。能在谈判中游刃有余的人，大都是善于倾听别人的人。他们通过倾听，拉近与对方的关系，便在很大程度上增加了谈判成功的概率。

投其所好，有策略地迎合

凡寻找的，必能找到。

每个人都有自己的喜好，生活中我们在与人交往时，常常会迎合对方的喜好以更好地与对方进行交流。在谈判场上，谈判对手也有着自己的喜好与兴趣，谈判者如果能够找到对方的兴趣点，投其所好，对于谈判的顺利展开将产生十分积极的意义。不同的谈判对手有着不同的性格特点，相应地，也都有着不同的喜好。因此，在谈判的过程中，谈判者只有多加留意，细心揣摩，才能够了解到对方的喜好与欲望。当谈判者找准谈判对手的兴趣点后，就可以在接下来的交流中故意迎合对方，让对方在心理上倾向于自己。

这种投其所好方法的本质，其实是在引导谈判对手的心理和感情。当谈判者在谈判中能够顺应对方的兴趣，迎合对方的喜好时，谈判对手会产生一种优越感，主动地降低心理防备。在这种情况下，一方面谈判对手会在谈判中降低警惕心理，使得谈判者可以乘虚而入。另一方面，谈判对手在心理上倾向于谈判者，在谈判中向谈判者一方让步的可能性也会更大。

刘洋是一名名牌大学毕业的高才生，在校期间学习成绩优异，各方面能力也十分突出。A公司是当地一家著名的企业，刘洋在该公司招聘的考试中获得了一个不错的成绩，收到了面试的通知。面试当天，刘洋与一同进入面试环节的同学来到面试场地。两个人都十分紧张，他们为这场面试做了很多准备工作，携带了自己在校时获得的各种荣誉证书、技术证书，希望能给面试人员留下一个好印象。

面试正式开始了，刘洋的同学先被叫进面试人员所在的办公室内，刘洋和其他面试人员忐忑不安地在门外走廊内等待。不一会儿，同学走出了办公室，看起来有些垂头丧气。刘洋询问原因，同学说："我在自我介绍和问答环节中都表现得很好，但是不知道为什么，其中一个面试官就是不喜欢我。"

刘洋安慰他道："没关系的，还有其他的面试官啊。"

"可是在面试过程中，我发现其他面试官都在看这位面试官的脸色，他的意见左右着他们的想法。我想在所有的面试官中，他的职位大概是最高的，所以其他人都听他的。他如果不喜欢我，其他人也不会对我有好感。"

"他为什么不喜欢你呢？"刘洋问道。

"我也不明白。我明明表现得很优秀啊，我毕业于名牌大学，上学时的成绩也很优异，在校时获得的荣誉又那么多，按道理任何一位面试官都会中意这样的应聘者，我实在是很奇怪，我哪里让他觉得不满意。"

同学悻悻地走了，刘洋继续在走廊上等待着。他在心底揣摩着同学方才所说的话，他明白自己如果想面试成功，就必须获得那位职位最高的面试官的青睐。

不一会儿，轮到了自己，刘洋进入办公室，向面试官们鞠了一躬后，他开始介绍自己。这期间，他暗暗观察着对面坐着的面试官们，按照同学方才的描述很快找到了那位最重要的面试官甲。甲的气质明显与其他人有些不一样，作为一个公司的高层，他看起来更像是一位暴发户，身上有很浓重的商人气息。刘洋暗想，这是一家家族式企业，听说公司高层们都没受过什么正规教育，凭着逐利之心才闯出了今天的一片天下。所以，面试官甲不一定喜欢高学历的人才，反而会因为自己没有多少文化而厌恶他们。刚才同学不受这位面试官甲青睐，大概就是这个原因。

想通了这一点后，在接下来的面试过程中，刘洋刻意不去突出自己的高学历，转而向面试官们讲述自己在校期间去社会上创业实践的经历，并且数次提到自己对创业艰辛的感悟，以及对创业型人才的钦佩。他的这一做法显然起到了效用，面试官甲在听完他的话后，对他的这些实践经历表示出浓厚的兴趣，甚至还在面试现场大谈起自己当初创业的艰辛，与刘洋进行了一番互动。最终，由于甲的大力举荐，刘洋不仅通过了面试，还在公司谋得了一个不错的职位。

在上面的例子中，我们可以看到，刘洋之所以能够获得面试官甲的青睐，正是由于他迎合了甲的喜好。甲没有受过正规教育，虽然通过自己的努力也取得了成就，但是内心始终会有一些自卑。面对高学历的应聘者，这种自卑心理就会更重，因此，他为了让自己心里能够好过一些，在面试过程中对于高学历的应聘者就会心存偏见，认为学历高并不一定代表能力高。刘洋根据自己查得的信息和甲的言行气质，洞悉了他的这一心理，所以在面试过程中刻意不去用学历证明自己的能力，而是突出自己的创业经历。对于同样有过创业经历的甲来说，这种做法正是投其所好，最终获得了他的青睐。

想要在谈判过程中投其所好，征服对手的心，可以从谈判中与对方的交流上入手。比如说，在与对方开始交流时，从对方得意的事情说起。上面例子中刘洋之所以讲述自己的创业经历，其实就是看准了面试官甲也有过这样的经历并且取得了成就。他找到的就是面试官甲的得意之处。大部分人都希望自己的得意之处能够被外人知晓且认同，所以，在谈判中谈论对方引以为傲的事情，不仅能够打开话题让对方愿意与我们交流，也能够激起对方的得意之情。另外，还可以从对方的兴趣爱好上说起。每个人都有自己的兴趣爱好，当别人谈起自己的兴趣爱好时一般都会变得滔滔不绝且心情愉悦。所以，在谈判中了解对方的兴趣爱好，通过对方的兴趣爱好征服对方的心，将有利于谈判的成功。

软磨硬泡

刘备正是“软磨硬泡”，才请得诸葛出山。

在向别人提出要求时，为了顺利达成目的，很多时候也需要一种“磨”的精神，跟对方软磨硬泡。软磨硬泡虽然听起来有点儿死皮赖脸的味道，可是它立足于韧性与耐心，既表现出毅力又给对方施加压力，着眼于感化对方。对方能够从你的软磨硬泡中看出你的诚意，他们知道：如果答应了你，你会尽力把事情做好；如果不答应你，你就会继续磨下去。所以，他们只能妥协。

当然了，“磨”的时候不能让对方感觉到你在故意找麻烦，不能影响对方的情绪，这样你才算真正“磨”成功了。

1946 年初，士光敏夫被推举为日本芝浦透平公司的总经理。当时正值日本战败不久，不仅百姓生活艰难，企业也举步维艰。企业发展困难重重，最大的困难就是筹措资金，就连那些著名财团也不例外，就更不用说芝浦透平这种没什么背景的小公司了。士光敏夫担任总经理之后没过多久，芝浦透平的生产资金就断了来源。士光敏夫为了筹集资金，不得不天天跑银行，希望能够借到一些钱。

一天，士光敏夫端着盒饭来到第一银行总行，与营业部部长长谷种重川商议贷款的相关事项。刚一开始，士光敏夫就摆出一副不达目的誓不罢休的气势。长谷种重川见状，则摆出一副爱莫能助的表情。双方经过一番唇枪舌剑，依然没有什么结果。到了中午，长谷种重川一脸疲倦，很想借故离开。士光敏夫见此情景，慢条斯理地拿出他带的饭盒，笑吟吟地说："我们可以边吃边谈，谈多久都没关系，哪怕谈到第二天天亮！"硬是不肯离开，也不让长谷种重川离开。长谷种重川见此情景，只好按士光敏夫提出的贷款数目放贷。

后来，士光敏夫又以同样的方式向政府开展申诉活动，促使政府向机械制造业支付了一笔补助金。此后不久，士光敏夫擅长"磨人"的大名便在政府机关集中的霞关一带传开了。

士光敏夫的方法就是软磨硬泡，虽然让人觉得有些厚脸皮，可是他最终却以真诚打动了对方。换句话说，就是要在保证对方不发怒的前提下，不温不火地与对方交谈，设法软化对方的心。

所以说，软磨硬泡是一种行之有效的谈判办法。俗话说："人心都是肉长的。"无论双方的认识存在多大差距，只要你善于软磨硬泡，用行动来证明自己的诚意，对方可能就不再固执己见，而是去思考，进而理解你的苦心，最终对你伸出援助之手。

当然了，实施"软磨硬泡"的方法求人时，脸皮要厚，不能一见到"钉子"就缩回头，要明显地表达出"不达目的誓不罢休"的决心。要做到这一点，你不妨克服害羞和自卑，拿出你的耐心，展示你的诚意，厚着脸皮主动出击。比如，笑脸相向、幽默开道，甚至调用眼泪苦苦哀求，这些都是软磨硬泡的有力手段，目的就是让对方明白你会坚持到底，进而打动对方，赢得对方的认可、同情甚至赞赏。

比如，如果客户说：“让我再考虑一下。”你可以这么回答他：“既然您说要再考虑一下，那就说明我们的产品确实有可取之处，否则您怎么肯花时间考虑呢？可能是因为我说得不够清楚，所以您还要再考虑一下，如果是这样，我可以说得更详细一些，供您参考……”等等。这么一来，一则让客户觉得你是一个不会轻言放弃的商务人员；二则可能真的说中了客户的心思，让客户主动与你做进一步交流，最终达成合作。

也许有人会说，这么做有些“丢人现眼”。可是，人活一世，谁没有求人的时候？既然需要获得别人的认可，就免不了要弯下腰，难道还让人家反过来跟你说好话不成？即便软磨硬泡让你觉得丢了面子，但最后却办成了事，比起很多没丢面子但没办成事的人，你就是成功的。

三国时期，诸葛亮还是一介布衣的时候，而刘备已经做过徐州太守，后又正名为大名鼎鼎的皇叔，二者在当时的社会地位高下立判。当刘备希望诸葛亮“展吕望之大才，施子房之鸿略”时，却毫不考虑身份差别，屈千乘之尊请诸葛亮出山。在接连遭到拒绝后，非但没有气馁，反而越发虔诚，最终打动诸葛亮，得到了这位有雄才伟略的军师。

刘备“软磨硬泡”，终于请得诸葛出山。等到诸葛亮愿意为他“鞠躬尽瘁，死而后已”的时候，没有人会笑话刘备丢了面子。

人与人之间的关系，不应该有尊卑之分，但是在具体事情上，由于人和人的目的不同，会出现暂时性的尊卑之差。特别是需要别人帮助的时候，因为如果你有办法解决的事情，你不会去求人，既然你解决不了,而别人能帮你解决,费一番功夫,磨一磨,有什么不合适的呢?

不过，需要注意的是，使用这种谈判策略也要适度。也就是说，这种方法不是让你消极地耗时间，也不是让你硬和对方耍赖，而是要你采取积极的言行影响对方、感化对方，使对方改变心意，不能一味死缠烂打。

用谈判方式教育孩子更有效

据调查发现：46% 网瘾青少年在童年期受过重大生活的创伤。94% 的孩子对父母有敌意，52% 的孩子评价父母缺乏温暖和理解。

张明是一个性子温和的人，平时很少拒绝别人的要求，也绝不与人动怒。他的儿子性格却不大像他，活泼调皮，很难服从管教。这天，妻子不在家，只剩下张明和儿子两个人。给儿子做好了饭，张明犯起了难。儿子不喜欢吃饭，平时都需要妻子哄着儿子才会勉强吃一些。如今要让自己去哄儿子吃饭，张明一时不知该从哪里下手。

果不其然，他刚一把饭端到儿子面前，儿子就嚷嚷着要吃零食，说自己不想吃饭。张明耐心劝导，但是儿子始终不肯听他的话，不停地吵闹。张明没办法，便对儿子说："吃完饭就让你吃零食。"他想儿子应该会乐意于这场小小的交易。

"不可以，吃完饭就没有肚子吃零食了。"儿子说。

没想到儿子会这么说，张明只好再次妥协。他将碗里的饭往外扒出去一点。说："乖，那你把这些饭吃了，就让你吃零食。"

儿子看了看碗里的饭，摇了摇头。"不行，我吃一点就会饱，饭太多了，我还是吃不了零食。"

看见儿子的态度似乎有了些松动，张明心里很高兴。他把饭又往外扒出去一些，分量只有原来的一半了。"看，现在只有半碗饭了，你把这半碗饭吃了吧。”

儿子见爸爸这般容易妥协，胆子就更大了，他拿起饭碗，把饭又往外扒出去一些。这一回，碗里的饭只有原来四分之一的分量了。他高兴地对爸爸说：“这回好了，吃了这些我就有肚子能吃零食了。”很快，儿子把碗里分量很少的饭吃了个精光，欢天喜地地去吃零食了。

如果你是一位家长，那么上面故事里所讲述的情节你一定不会陌生。很多父母在照顾孩子的时候都会遇到这样的问题。开始的时候，爸爸做出“吃完饭就让你吃零食”的让步，只是想用来换取儿子的让步。但是有了这第一次的让步，接下来他便一直在不停地妥协。因为儿子的立场始终没有动摇，只是在最后关头以吃小小一碗饭结束了这场谈判。儿子吃的那一小碗饭，其实只是一个“以退为进”的小小策略，最终还是达到了自己的目的——以零食当饭吃。从谈判的角度来看，这位父亲是失败的。

其实，父母对孩子的教育，是一个需要不停地与孩子谈判的过程。父母需要在妥协与不妥协之间掌握好自己的分寸，否则过分溺爱或过分严厉都会导致教育的失败，影响孩子的健康成长。

比如说给孩子断奶，妈妈对孩子的爱很可能会让断奶的过程变得更加艰难。第一次，妈妈不让孩子再喝母乳，孩子哭了10分钟，妈妈不忍心再让孩子哭下去，便妥协了。到了下一次孩子想喝母乳的时候，就会哭更长的时间，15分钟、20分钟，直到母亲再像上次一样妥协。在这里，孩子的“哭”就是他的筹码，他一次又一次抛出自己的筹码，母亲一次又一次妥协，他就知道自己的筹码是有用的，便会不停地使用。连几个月大的婴儿都懂得与父母之间的这种谈判策略，更何况是正在成长过程中的小孩子，这些小孩会更聪明，更能洞悉父母心理，也更懂得怎样做才能让父母妥协。

除了上面讲到的让婴儿断奶、哄孩子吃饭，在很多方面我们都需要践行这种与孩子谈判的思维。比如，让你的孩子学会穿衣服。大部分小孩都觉得穿衣服很难，在学习穿衣服的阶段很容易放弃，哭着闹着要大人帮忙穿。在这种时候，如果家长屈服于孩子的哭闹，每次都帮他们的忙，那么你的孩子很可能要到很晚才能学会自己穿衣服。与其向孩子妥协，不如与孩子谈判。小孩子都很喜欢漂亮的东西，衣服也不例外，总有一两件衣服是他特别偏爱的。如果你把“穿那件你最喜欢的衣服”作为交换条件，他学起穿衣服来，就会比以往更有动力，不会那么轻易就放弃。

另外，很多家长都会头疼于孩子的无理取闹。爱玩本是孩子的天性，他们希望父母可以陪伴自己玩耍，但是如果父母耽于工作没有时间陪自己，一些孩子就会选择吵闹的方式来表达自己的不满。这个时候，与其用耐心劝慰或是大声呵斥孩子这样的方法来消耗你的时间与精力，不如与他玩些“小花招”。例如，向他描述自己忙完工作以后将会陪他在一起玩的小游戏，给他讲的小故事，让他对你忙完以后的那段时间充满憧憬，从而暂时安静下来让你去忙自己的工作。这个“小花招”的实质就是让他明白，暂时的让步可以为他换取更大的利益。而这种谈判的结果，实际上对你们双方都有利。

在与孩子谈判的过程中，除了要讲究自己的方式方法以外，保持住内心的底线也很重要。一方面，父母应该清楚自己容忍孩子的底线，如果孩子的有些行为确实超出了底线，而你又不加以制止，就很可能会导致孩子的过分任性。另一方面，过分严厉也会影响孩子的心理健康，让孩子在你的粗暴面前变得自卑，没有安全感。所以，父母对孩子进行谈判式教育，心中既要有一个不过分溺爱的底线，也要有一个不过分严厉的底线，在这一前提下与孩子进行谈判，才能保证你的教育方式能为孩子营造一个良好的环境，让孩子健康地成长。

巧用权威效应

为自己造势，说服那些不支持自己的人。

权威通常是指在某一领域里，研究较为深入，有影响力、有威望的人物。人们在心理上对权威人士有一种信任和依赖，比起普通人，更容易相信他们所说的话。

人们相信权威是很正常的，权威的人在他所在的专业领域里比普通人懂的多，懂得深入，所以理所当然得到他人的信任。

有一个聪明的出版商，他的一批书滞销了，很长时间都没有卖出去，十分着急。后来，有一天，他突然想出了一个好主意，决定送给总统一本。

第二天，出版商就开始行动了。他不仅把书送给了总统，还虚心地向总统征求意见。总统政务繁忙，根本没有时间看他的书，几次之后，就搪塞地说了一句："这本书还不错。"听了总统的评价，出版商高兴极了，回去后便马上大肆宣传，广告语为："这是一本总统喜爱的书。"大家看到这些书连总统都喜欢，所以都争相买回去看，书很快就卖完了。

不久之后，又有一批书销量不好，出版商再一次用了这个方法，又拿了其中的一本送给总统，总统因为上一次的经历，有些不耐烦了，所以故意对他说："这本书真是太糟糕了。"听到总统这样评价，出版商并没有气馁，他灵机一动，又赶紧跑回去写了一则广告，这次的广告是这样写的："这是一本总统讨厌的书。"正如出版商所料，书又很快就卖光了，因为大家都很好奇，总统讨厌什么样的书。

第三次，当出版商又拿着书去送给总统的时候，总统很无奈，同时又不想像前两次那样，所以没有说任何评价的话。这一次，虽然总统没有做任何评价，出版商还是把书卖光了。他所做的广告就是："这是一本总统都难以判断的书。"大家出于好奇，又把书都买走了。

不管总统是否评价，怎样评价，只要这本书跟总统有了关系，就会很快卖光。这就是现在人们广泛利用的权威效应。

当然了，权威并不仅仅指的是一些有影响力、有威望的人，还包括一些名气很大的杂志、报纸等。在古代，人们对于比较玄妙的东西非常迷信，这时候，一些"天意"的迹象也受到人们的追捧，起到类似于权威的作用。很多政治家会利用这种对于"天意"的迷信，为自己造势，说服那些不支持自己的人。

唐高宗死后，皇后武则天大权独揽，儿子只是一个挂名的皇帝，她想当真正的皇帝。但在当时的社会，女人掌权已实属另类，而要想成为名正言顺的皇帝更是不易。有一次她试探着问众大臣：

"皇帝当以才智为第一，上应天命，下顺民心，不知以后帝位当属何人？"

众大臣一听，明白了这是武则天心犹不足想自称为帝，可让一个女人当皇帝，这是古今未有之事。他们虽然畏惧武则天，却也不肯附和，便假装糊涂地答道：

“我朝天威，代代不绝，自是李氏子孙了。”

武则天旁敲侧击，一再提醒他们，无奈就是无人响应。

武则天见此，只好暂时压下了马上称帝之心。即使如此，还有不少大臣劝她把政权交给皇帝，徐敬业更是不惜举兵造反，要诛杀她这个篡大唐江山的女人。

武则天的心腹劝武则天不必众大臣首肯，立即称帝便是。武则天沉思多时，还是摇头说：

“我经营多年，朝中上下尽在我的掌握之中，若要称帝，一言即可。我担心的是如此一来，人心不服，民心不稳，只怕我这个皇位也坐不安稳啊。何况世人的观念循规守旧，人心向唐，以我为篡，这个局面不改变，我又怎能成就大事呢？”

她考虑再三，决定假借天命，制造舆论，为自己造势。她命自己的侄子武承嗣派人凿一石碑，上刻“圣母临人，永昌帝业”八个大字，涂红字迹，扔到洛水里。她又暗使雍州人唐同泰入水取出，大肆宣扬，而后亲献朝廷。

此事震惊天下，人们皆以为奇，奔走相告。武则天更是连称天意。率文武百官亲祀南郊，祭天告谢。她为此大做文章，极尽渲染，不仅称此石为天授圣母，改洛水为永昌水，封唐同泰为游击将军，还举行了声势浩大，礼仪繁复的拜洛受瑞仪式。一时之间，在人们的眼里，让武则天当皇帝已是上天的安排了。

武则天仍觉不足，又密使高僧法明杜撰了《大云经》四卷。经中谎称武则天乃弥勒佛的化身，以她代唐，理应如此。她传命诸州官吏、百姓阅读此书，并专门建寺珍藏，焚香供拜。

事情闹到这个地步，武则天又不失时机地让侍御史傅游艺，率领关中百姓近千人，来到朝廷上表，恳请她顺应天意，称帝为君。武则天假意不肯，却是立即提升了傅游艺的官职。于是人人效仿傅游艺，纷纷上表，接连恳求，唯恐武则天拒绝。武则天见火候已到，时机成熟，遂于公元6年登基称帝，完成了她毕生的心愿。

确实，有些话由自己来说，说得再好也难免让人觉得有些急功近利，即使不是为自己，也会让人以为你怀有某种不可告人的目的。而若是借助“天意”，借助权威，效果就不一样了。

现在，某些厂家为他们的产品做广告时，会请来相关行业的专家。例如，著名牙膏品牌牙博士，它的产品广告中，是一个身穿白大褂的口腔医学专家，在一个整洁的实验室里，向人们解释保持牙齿健康的重要性，广告中还特别表明，牙博士牙膏是由专业护齿机构监制的。雀巢集团在为他的一款奶粉做广告时，广告中是一位妈妈在向人们推荐一种营养奶粉，而在开头的时候，她就表明自己是一个营养师。不管是牙博士广告中的口腔医学专家还是雀巢奶粉中的营养师，他们都是各自领域里的专业人士，具有权威性。正是因为人们容易相信权威，所以广告中才越来越多地塑造这样的形象。人们相信权威，也就进而相信他们代言的产品。这些其实都是一种隐秘的说服，让人们不知不觉相信他们，听从他们的建议，购买他们的产品。

因此，我们在说服别人做某事的时候，可以借助权威效应影响对方的心理，让他们觉得自己的选择和权威人士的看法是一样的，进而听从我们。

第七章　强者气场助你获得真正想要的东西

一个人在世上生活，必须知道自己到底要什么。人生中什么是重要的、宝贵的、真正值得争取的。这就是正确的价值观。一个不知道自己到底要什么的人，必定永远焦躁和拧巴，他东抓一把，西抓一把，到头来仍不满意，怎么会满意呢，因为他根本不知道什么能让自己满意。

——周国平

SEVEN

展现威慑力，镇住对手

要有想做的事就一定能做到的信念！

要有想要的东西就一定能得到的意志！

在生活中，我们面对外表上看起来很有威慑力的人，会不自觉地产生畏惧心理，不敢与对方发生正面冲突。相反，面对总是笑嘻嘻的人，会觉得对方很容易亲近，甚至还有可能觉得对方好欺负。

这种情况放在谈判场上也是一样。有威慑力的谈判者使整个谈判场上的气氛都趋于紧张，他们不苟言笑，表情慑人，只在关键时刻发表自己的观点。这样的表现让谈判对手备感压力，在讨价还价中，不自觉地就不敢在对方面前表现得过于强硬。实际上，这样的谈判者在谈判开始时就因为自己给人的外在表现而占得了先机，赢得了心理优势，在接下来的谈判过程中，自然会占据有利的形势。有些人天生就有一股内在的威慑力，他们不需要伪装，能够不怒自威，威慑住他人。但是这样的人毕竟是少数，想要在谈判场上表现出这样的威慑力，如果不是天性使然，还是需要靠一定的伪装的。

小林是张先生的助理，刚刚上岗没有几天，对工作还不是十分了解。张先生是一个十分随和的人，平时脸上经常挂着笑，在吩咐小林干工作时也总是语气温和，从来不会对下属颐指气使。小林觉得自己能遇到这样一位好脾气的领导，真是非常幸运。

这天，张先生要代表公司参加一场谈判，小林作为助理也一同前往。去谈判场地的路上，张先生与平常的表现并没有什么两样，还不时地与小林开几句玩笑。

但是当他们进入谈判场地后，小林惊讶地发现，张先生就像是换了一个人一样，瞬间收敛起自己笑容满面的脸庞，换上了一副冷冰冰的严肃表情。当谈判对手也进入场地后，张先生依然是一副威严的模样，并没有与对方过分的寒暄，点到即止后，就进入到了正式的谈判中。面对突然变了样子的张先生，小林心里十分担心，他害怕张先生这样的表现，会惹得对手不高兴。因此，小林一直注意观察着对手的反应。出乎他意料的是，谈判对手不仅没有不高兴，反而在谈判中表现得愈加恭敬。一直到谈判进入到最后阶段，张先生始终没有改变过自己的态度，到了最后关键时刻，小林甚至能感觉到张先生比谈判开始时表现的还要冰冷严肃，有一股不怒自威的慑人魄力。最终，对手在激烈的讨价还价过程中还是败下阵来，做出了让步，张先生代表公司赢得了谈判。

谈判结束了，对方公司代表离开了谈判场地，小林也收拾着东西准备随同张先生离开。这时，他发现，在谈判过程中始终表情严肃的张先生此时舒展开了眉头，又恢复了他平日里的样子，向小林展开笑颜。小林十分好奇，向张先生打听他为什么要在谈判中表现得那么严肃。经过张先生一番解释，小林终于明白过来。原来，在谈判开始前，张先生早已知道对方在此次谈判中并不占有优势，在讨价还价中不具备太强的实力。因此，张先生在谈判中的表现，就是为了用自己强硬的态度，逼迫对方让步，让自己赢得谈判。

张先生在谈判中的表现，就是利用了威慑力的作用，用自己的外在表现来镇住对方以达到自己的目的。他原本是一个比较温和的人，但是为了谈判需要，却可以改变自己的外在表现。可见，为了达到在谈判中威慑对方的目的，对自己进行一定的伪装是十分有必要的。一般来说，这种伪装可以通过严肃的面部表情和强势的语言来实现。

表情严肃的人往往会让人产生不易亲近的感觉，使人退避三舍，而表情温和的人更容易被接近，这就是表情传达出的力量。大部分人都喜欢经常把笑容挂在嘴边的人，但是在谈判场上，满面笑容并不一定有利于你的谈判。在上面的例子中，张先生在谈判前就已经知道了对方的底牌，因此在谈判展开的过程中，他的主要目的就是逼迫对方及早亮出底牌。严肃的态度，具有威慑力的表情就是他为了给对方施加心理压力所采取的手段。在工作场合，我们会看到领导经常摆出一副严肃的表情，不会随意露出笑容，这是因为这样的表情会有一种威慑力，有助于他们在工作中行使权力。在谈判场上，我们同样也可以借鉴这种方法，用严肃的表情来达到威慑人心的目的。

此外，在谈判中运用强势的语言也能够给对手带来心理压力。强势的语言能展现出说话者镇定的心绪、坚定的态度以及强硬的立场。谈判对手通过对方的语言，可以感觉到对方传达出的巨大力量，迫于内心的心理压力而最终向对方妥协。在谈判过程中，想让语言彰显出一种强势的力量，可以在两个方面上下功夫。一方面，在表达自己观点的时候，要尽量说短句，表达出完整清楚的意思即可，冗长啰唆的话语只会让人感觉到厌烦而觉得你没有魄力，大大削弱你想传达出的强势的力量。另一方面，要在说话时尽量使用强势的语调、毋庸置疑的语气，让对方感受到你咄咄逼人的力量。只有这样，对方才会服从于你。

文件战术

没有永远都管用的战术，只有永远都能随机应变的谈判者。

谈判桌上的文件，看似只是谈判者为了谈判所准备的文件资料，但是如果这些资料的数量看起来很多时，往往会让谈判对手感觉到心理压力，这就是文件战术。我们在生活中，经常会遇到这样的状况，当一个人在表达自己的意见时，如果他的手边放着一叠厚厚的资料，我们会对他所说的观点更加信服。这是人的一种惯性心理，看到讲话的人手边有资料时，就会想当然的认为对方是在参考这些资料后得出的观点，资料越多，就说明讲话的人准备越充分，听者也就越容易被说服。这种情况放在谈判桌上，当谈判者带着大批文件资料出现在谈判场地时，谈判对手会觉得对方为这场谈判做了很充分的准备，心理上首先就会感到有压力，在谈判中对方发表观点时，也会因为对方准备资料的充足而不敢随意反驳，最终在谈判中陷入被动。

老李是公司的董事，最近一段时间，他的工作一直都比较忙。这天，公司要召开董事会议，老李从百忙中抽身赶去参加。由于手头的一些工作还没有忙完，老李让秘书准备了厚厚的一叠资料，打算在董事会议结束后再找个地方仔细浏览。

由于路上堵车，老李到得有些晚。他推开会议室的门，其他董事都已经入座。老李拿着厚厚一叠资料向座位走去，将资料放在面前的桌子上，坐了下来。这时，他发现所有人的目光都集中在他面前的文件资料上，让他觉得有些奇怪，但又想不出所以然。会议开始了，针对议题，各位董事们都争相发表自己的观点，各抒己见，甚至发生了争论。这期间，老李一直没有发言。他对于此次会议讨论的内容并没有做相关的准备，因此他觉得自己还是先听听别人的意见为好，自己什么情况都不了解，随便发表观点只会惹人笑话。因此，老李始终沉默着，倾听别人的发言。

会议进行到后期，各位董事始终无法达成一致，现场气氛一时变得有些僵持。这时，董事长微笑着向老李说："李总，我们想听听您的观点。"现场董事的目光都转向老李。老李一时有些心虚，毕竟他一点儿准备工作都没做，谈不上有什么自己的观点。因此，他把刚才听过的其他人的发言中自己认为比较好的部分，拿出来整合了一下，当作自己的观点说了出来。他本以为自己这些临时拼凑出的言论不会得到大家的认可，没想到，在他发完言后，董事长还有各位董事却一致表示认同，觉得他言之有理。最终，董事们以他的观点为基础，又做了一番细致的讨论后，达成了一致，结束了会议。

离开会议室，老李心底里还是有些疑惑，自己的观点明明很一般，为什么大家会如此认同呢？他找到了董事长，向他倾诉了自己的想法。董事长听了他的话，不解地说："你的观点很好啊。而且，你做了那么充分的准备工作，大家当然会认为你的意见更客观。"

"我并没有做什么准备工作啊。老实说，我在来到会议室以前，连讨论的议题是什么都还不清楚呢。”老李解释道。

“那你手边那叠厚厚的资料是什么？”

“只是我手头一些工作的资料，因为时间来不及，我只能先拿到会议室来了。”

老李向董事长解释清楚了自己所谓的“意见”只是临时拼凑他人的观点得来，董事长在明白了事情的前因后果后，不禁觉得哭笑不得。他告诉老李，现场的董事们，正是因为他手头的那一堆“假”资料，才如此信服于他，即使他提出的观点实际上很一般，有了“假”资料的支持，也会让人觉得是真知灼见。

文件战术之所以能够发挥力量，就在于它利用了人的心理特点。董事们在看到老李拿到会议室的资料时，即使老李没有说明资料的用途，董事们也会想当然的把这些资料与这次的会议联系起来。在这个例子中，我们可以看到文件战术所发挥的巨大力量。原本只是平凡无奇的观点，只是因为在讲话者的身边放着一堆资料，讲话者所说的意见立即价值倍增。可见，在谈判中利用人们的心理特点实施文件战术，可以达到事半功倍的效果。

在应用文件战术时，也有一些不得不注意的地方。首先，谈判者带至现场的文件资料，应该是真实的与谈判相关的资料。如果像上述例子中的老李一样，拿了一堆与谈判毫不相关的资料来到现场，虽然也能够在最开始的时候给对方带来心理压力，但是一旦被发现，会让对手对你完全丧失信任，得不偿失。因此，在谈判场上，绝不能为了一时的便利而用假资料来蒙混过关，这样会招致难以挽回的后果。

其次，文件战术使用的时间是在谈判一开始。也就是说，当谈判者进入到谈判场地时，就要将随身携带的文件资料放在桌子上让对方注意到。如果在谈判中期或是后期突然把一大堆的文件资料拿出来，对方不仅不会觉得你准备充分，反而会以为你是在谈判中遇到了什么困难，急需查阅资料来解决，这样反而会让对方占据了心理优势。

最后，要清楚不是所有的谈判场合都适合于利用这种战术。当谈判者是在自己的场地内与对方进行谈判时，这样的策略显然会加大对方的心理压力。但是，如果谈判是在对方的场地内进行时，这样的战术就不再适合谈判者使用。因为当谈判者携带大量的资料前往时，对手会疑心谈判者大费周章搬来一大堆资料的用意，甚至会识破这一行为背后的文件战术。所以，在具体的谈判场合，对文件战术的应用一定要灵活，不能认为只要是谈判这种战术就能派上用场。要知道，在谈判桌前，没有永远都管用的战术，只有永远都能随机应变的谈判者。

操控话语主导权

成为自己人生的掌控者。

谈判的时候，双方的意见可能会存在较大的分歧，要想消除分歧，就要提出有效的解决方案，然后达成一致意见。有很多人不善言辞，谈判的时候非常被动，总是把提出解决方案的机会让给别人，这样一来，他们也就丧失了话语的主导权，只能跟着别人的节奏走。

确实，当话语主导权被别人掌握的时候，我们就会处于心理劣势，谈话很可能会向着不利于我们的方向进行。因此，还不如积极主动地开口，操控话语主导权，在交谈中占据心理优势。

要想在交谈中占据主动地位，首先要充满自信。讲话时显得知识丰富，口气充满了权威性，能使对方觉得你的观点很可信。这是很简单的道理，当你想要争取到一样东西，首先不能胆怯，你胆怯，对方就占据了心理优势。有的人话还没说，腿脚先哆嗦了，或者眼神里面都是害怕和哀求，一开口声音像是蚊子一样，如果是这样的话，你很难争取到自己想要的东西。

因此，一定要自信，用积极自信压倒对手，打动对方。即使在讨论难题时，也应该以积极的方式阐述关键点。在气势上压倒对方，或者让对方不敢轻视，自然就更具有感染力。很多人觉得这样做有些太高傲，太高调，所以在交谈中从不主动，跟人说一件事永远是商量的语气。可能他们自己觉得这是谦虚，但是别人并不这样看，只会觉得你没有主见，凡事需要依靠别人，也就不会重视你的看法。

其次，与对方沟通时要表现得很热情。你表现出热情，会使他们觉得你所讲的内容很有趣且值得听，以满足他们的自尊心，使他们减少对你的戒心。至于说多说少，要视具体情况而定。如果对方心不在焉，或是忙于其他事，你说话时要简明扼要；如果需要你积极地发表看法，你却草草地说几句就了事，甚至半天不说一句话，对方自然不会被你打动。这一点在销售中非常常见，好的销售员都会热情主动地与客户交谈，一步步引导客户，最终让客户顺着自己的话语，买下自己的商品。

商场里，一位30多岁的男士在一家服装店的衬衫区走了几个来回，可是依然无法决定到底要买哪一款。

这时，一位女店员走了过来，问这位男士："请问您需要哪种颜色的衬衫？"

"嗯，蓝色的……"

"哦，您想要蓝色系的，您看深蓝色的这一款怎么样？"

"嗯……格子衬衫更适合年轻小伙子穿，不太适合我这个年龄……"

"不会的，这是新款休闲版，面料柔软，而且格子很小，不显夸张，您穿着肯定既合身又舒服。您还犹豫什么呢？"

"哦……是吗……嗯……好，就买这一款吧。"

这种顾客和店员间的对话，在现实生活中屡见不鲜。谈判的时候，你要是遇到这种客户，你也有必要帮助他做决定。

谈判的目的是说服对方，说服就是让对方接受，“是”代表着肯定与认同，“不”代表着拒绝与否定，所以想要说服他人要尽可能使对方在听到我们支持的观点后说“是的，是的”，尽可能让对方听到我们反对的观点之后，跟我们一样说“不”，强调彼此是为相同的目标而努力。这就需要巧妙地掌控话题，让对方跟着我们的思路，做出我们想要的选择。

当然了，操纵话语主导权并不是说自己滔滔不绝，让对方完全听从自己，而是巧妙引导，让对方不知不觉受到自己思路的影响。

老罗斯福在担任纽约州州长时，就表现出了很出色的谈判才能。他不但与那些政治活动家关系很好，而且进行了一些有益的改革，提拔了一些锐意革新的人担任要职。这些人员调动很多时候都是不合那些政治活动家心意的，可是老罗斯福却成功了，他是怎么做到的呢？

老罗斯福每次要任命某人去担任重要职务时，都会邀请一些政治活动家前来和他一起商讨相关事宜。刚开始时，这些政治活动家会推荐一个明显不适合的候选人。老罗斯福就对他们说，这个人选不适合，因为公众不会同意的。随后，他们又提出了另一个人选。对于第二个人选，老罗斯福也不置可否，只是说社会舆论也不希望这个人当选。他们又提出第三个人选。这个人选比前两个好多了，但是仍然不适合那个职位。老罗斯福先向他们表示感谢，然后请他们再考虑一下。他们提出了第四个人选，这个人正是老罗斯福中意的那个人。老罗斯福当即宣布第四个人当选，然后再次向他们表示了谢意。

老罗斯福还对他们说，为了使他们满意，他已经尽力了，所以他希望他们也能帮助他。后来，在老罗斯福需要帮助的时候，他们果然很支持老罗斯福。

老罗斯福明知自己的改革不合政治活动家的心意，所以他并没有直接把改革方案抛给他们，而是表现得非常尊重他们，让他们觉得自己也有说话议政的自主权，而实际上，最终任命的话语权始终掌握在自己手里。

很多人在谈判中处于被动境地，并不是因为他本身能力不足，而是因为他一不小心将说话的主导权拱手让给了对方，致使他无法跳出对方设定的框框。假如失去了谈话的主导权，你也不要方寸大乱，可以抓住时机转移话题，慢慢地把谈话的主导权夺回来。

红白脸策略

一个人来到这个世界上，演绎着多种角色。

红白脸策略是一种非常普遍的谈判策略，这种谈判方法利用的是人们更愿意与和善的人接触的心理，软硬兼施，让人不知不觉中选择服从。

红白脸策略的基础就是谈判的一方有人扮演“坏人”，有人扮演“好人”。其中，“坏人”表现得暴躁、蛮横，看上去几乎无法交流，让谈判陷入僵局；而另一位“好人”则表现得和善、有礼，能体谅人，说话非常委婉。

谈判开始的时候，“坏人”先出手，不断提出无理要求，显得很没有耐心，说话的时候咄咄逼人，最好跟对方争吵起来。这时候，“好人”站在一旁，显得爱莫能助；或者好人根本不在场，完全不知情的样子。“坏人”发了脾气之后，怒气冲冲地离开，显出不愿意合作的样子，让对手感到非常失望。这时候，“好人”该出场了。“好人”要么是原本站在旁边，“坏人”在的时候，他说不上话，现在“坏人”走了，他才私下里温和地告诉对方，其实自己的同伴脾气比较暴躁，做事方法也不对，自己非常同情对方，很想提供帮助；要么是本来不在场，等到同伴走了之后，再出来“唱红脸”。

谈判对手在经过“坏人”的暴风骤雨洗礼之后，心情必然比较糟糕，对谈判前景也不看好。这时候，听到有人同情自己，心理上会获得一种安慰，另外，听说对方要给自己提供建议，自然会乐意倾听。这时候，“好人”开始提出自己认为的比较好的解决方案，并告诉对方，这样的方案，是最好的办法了，勉强可以让自己的同伴接受。这时候，谈判对手心理上会把“好人”当作是自己人，愿意拿出比较积极的态度进行协商。殊不知，这样的解决方案，其实是对方早就设计好的。

红白脸战术正是利用这样一紧一松的办法，控制对方心理，让对方不知不觉中走进设计好的圈套。这样的谈判战术在现实中非常普遍。2008 年金融危机，当时的美国财政部长保尔森与美联储主席伯南克一起导演了一出“红白脸”的好戏，最终使得几家大银行通过了他们的救市计划。

当时，美国为了缓解金融海啸带来的银行信贷危机，决定向银行注资 2500 亿美元救市。美国财政部长保尔森制订出方案之后，与美联储主席伯南克一起，召集九大银行的领导层会面，谈论方案的具体实施计划。

一开始，有的银行领导对方案提出质疑，认为一些条款很难接受，想让保尔森做出改动。保尔森听了之后，丝毫不让步，他语气强硬，表示自己绝不会改动，银行要么完全接受，要么完全拒绝。如果选择拒绝，未来再要政府注资，条件就会非常苛刻。银行家们认为这是在威胁他们，非常生气，他们觉得保尔森根本不是在与他们商谈，而是在命令他们。

正当大家争吵不休的时候，美联储主席伯南克说话了。他先是安慰了银行家们，说政府当然不会置之不理，商谈还是解决问题的最好办法。但是注资计划是很多专家以及政府权衡利弊之后的结果，这么做是最有效的，最终一定是双赢的效果。

银行家们已经与保尔森翻脸了，现在看到伯南克"调停"，态度好了很多，经过伯南克的一番劝说，他们都接受了救市方案。

在这个谈判中，保尔森扮演的就是"坏人"，也就是"白脸"，而伯南克则扮演"好人"，也就是"红脸"。银行家们比较愿意接受政府的注资，但是觉得保尔森态度恶劣，心里非常不平衡。他们不乐意完全听从保尔森的，也不愿意放弃资金。这种时候，伯南克无疑给了他们希望，让他们觉得有了台阶下。

当然了，红白脸战术只有在特定的形势下使用才有效，那就是谈判者想与你合作，却又想提条件。如果对方本就不愿意和你合作，那么，还没等到"红脸"出场，只怕谈判已经完全没有希望了。

"白脸"出场的时候，态度要强硬，寸步不让，对方觉得这个合作方案像是鸡肋，难以下咽，却又不愿意放弃。这时候，"红脸"出场，给出折中一点的方案，再表现出诚意，对方在绝望中看到一线机会，自然愿意牢牢抓住机会，不再提出更多的条件。

一位企业家想要以最低价格订购二十辆货车。他先亲自到了一家汽车厂，与对方的销售经理商谈。商谈一开始，企业家就提出了自己愿意接受的最高价，并表示自己不会再加。销售经理对于这个价格非常不满，他觉得企业家给的价格太低了，想要让企业家加价。

企业家蛮横地说："我了解你们的制造成本，这样的价格你们是完全可以接受的，我不会再加价。"当销售经理再次想要说服他的时候，企业家站起来说："你们价格太虚了，早知道你们这么没诚意，我就不来了。"一边说，他一边恼怒地走了。

销售经理看到这样一大笔订单飞了，心里也觉得有点失望，他想，如果对方给的价格稍微高一点点，自己就能够接受了。

第二天，一个年轻人来找销售经理，说是昨天自己公司老总来过。他很有礼貌地询问了销售经理汽车的性能，还夸赞了几句。然后，这个年轻人说："我们老总嫌价格高，但是我们比较看重贵厂汽车的质量，我跟我们总经理商量了一下，还是决定再来跟你们商谈一下，价格我们会尽量给老总建议，应该能说服他。您看这个价格你们能不能接受……"

销售经理看到年轻人彬彬有礼，而且确实提高了报价，他接受了这批订单。

红白脸谈判技巧，其实就是利用了谈判人员愿意与和善的人接触的心理，故意造成一种心理落差。先是让对方感觉到己方的苛刻、强硬，等到对方期望值降低的时候，再换个人，以温和的方式给予优惠或让步。

应用红脸白脸策略时应注意几点技巧：

首先，分工的时候，“红脸”要由主谈人来充当。毕竟“白脸”只是打头阵，做好铺垫就行了。最终协议商定，是由“红脸”完成的。

其次，扮“红脸”的人应该看上去比较冷静、随和，给人一种容易亲近的感觉。“白脸”则要一副急脾气的感觉，让人觉得很难交流，这样，他们就更愿意接受“红脸”的意见。

最后，两种角色事先一定要商量好，不要出乱子。“红脸”一定要注意把握谈判的条件，出场的时候也要把握好时机。

处于劣势时要镇定自若

生命就是等待正确的行动时机。

我们在谈判的时候，说不定会一时失言，激怒了对手；或是有其他情况发生，引起对方的愤怒。这时候，要学会镇定，不要像对方一样失去控制，让谈判桌变成战场，也不要突然间慌了神，不知道该怎么挽回局面。所以，当你在谈判中处于劣势的时候，应该镇定自若，这样才能挽救僵局。

当局面非常紧张的时候，不要慌乱，尽量避免硬碰硬。你应该沉着冷静地说："请你不要那么冲动，镇定一下，先听听我的想法。"这样可以暂时缓解紧张的局面。因为，当你的步调与对方不协调时，对方会觉得自己未免有些小题大做，甚至有一种泄气的感觉，逐渐冷静下来。

只要双方冷静下来，谈判气氛就不会被破坏，你也就有机会听对方说出心里的想法，找出问题出在哪里。之后，你再采取相应的对策，比如回答："正如您所说的那样，不过……"这时，对方会认为你已经意识到了自己的错误，于是减轻对你的敌视，开始听取你的意见和建议。

一天，市民郑晓光来到某乳制品公司前台，说他买的一罐奶粉里竟然有一只活苍蝇，要求公司给个说法，不一会儿就引来了许多人的围观。

前台接待员立刻给相关部门的负责人钱冰打电话。钱冰立刻赶到现场，并没有像有些人那样第一反应就是推卸责任，而是询问了事情的详情。郑晓光见钱冰如此镇定，就像吃了一颗定心丸，把详情说了一遍。

钱冰听了，依然很镇定，回答："原来是这样！如果此事属实，那么厂方自然要承担相应的责任。这种问题很严重，我们绝对不会忽视的。不过，有一点我有必要跟你说一下，本公司在生产奶制品时，会事先抽空容器里的空气，装上奶制品之后再灌入氮气并密封，所以罐内有活苍蝇的情况几乎不可能发生。不过，既然这种事已经发生了，我们一定会调查清楚的。就算是马上停止生产，我们也要查清问题出在哪里！现在，麻烦你说一说你打开奶粉时的情形，还有开封后的保管情况等，请尽量说得详细一些……"

郑晓光听了这番话，露出惊讶和困惑的表情，想起妻子平时很大意，心想说不定是因为妻子保管不善引起的。想到这里，郑晓光的语气顿时变弱了："这件事我就不追究了，希望以后不会再发生类似的情况。"说完，悻悻离去。

钱冰见郑晓光理直气壮地向公司提出抗议，并没有毫不客气地反击，而是镇定地请郑晓光说明缘由，然后向郑晓光做出了合理的解释，使得郑晓光意识到可能是自己的错误，从而平息了一场纠纷。如果钱冰自乱阵脚，就无法找到解决问题的方法，可能会将事态扩大。

在面对一些挑剔的对手的时候，有些人可能会不知道如何应对。其实他们之所以如此挑剔，无非是想让你自乱阵脚，最终做出符合他们要求的决定。所以在这个时候千万不要慌乱，如果你这时候表现得不耐烦，会使谈判陷入僵局，如果你表现得唯唯诺诺，对方则会提出更多苛刻的要求。在面对这种情况时，你首先要做的是让自己镇定下来，保持一个和平的心态，用一种不骄不馁的态度和对方交流，当对方发现无法撼动你的时候，自然不会再提无理要求。

一位顾客到一家鞋店买鞋，店员耐心地接待她。

顾客试了好几双鞋，要么嫌鞋跟太高，要么嫌鞋的款式不时尚，要么嫌鞋的颜色不好配衣服，要么来一句："我的右脚稍大一些，很难买到合脚的鞋，真是愁死人了！"看她的样子，倒不像是故意这样的，而是真的没有合适的鞋。她的挑剔让旁边的顾客都有些侧目。

其实这位顾客真实的目的从一开始试鞋的时候就说出来了："能不能便宜点？"在得到店员否定的答案后，她便开始百般挑剔。店员一直表现得很镇定，很有耐心，尽力满足顾客的要求，但是在价格上就是不松口。

这位顾客在挑剔了半天之后，看店员始终不为所动，知道再怎么挑也没用，只好选出一双最满意的鞋，按原价付了款。

把商品卖给顾客，其实就是说服顾客接受商品的过程，也是一种变相的谈判。顾客挑三拣四，就相当于谈判对手提出各种意见，这时候，我们一定要保持情绪稳定，最终解决各种困难，达到目的。

确实，一个人如果能够冷静沉着、临危不乱，那么他在遇到突发状况，处于不利局面的时候就能够巧妙化解。当今社会，生活的压力越来越大，想要在这个纷繁复杂的社会上适应下去，我们就必须要学会以冷静的态度，从容不迫地应对交际中的种种困难与危机。我们只有时刻保持一个冷静的头脑，控制好自己，才能够协调自己与他人之间的关系。

在谈判时，组织语言需要有理有据，所以是慌不得的。有些时候，越慌、越忙，反而越容易出错。在这种情况下，莫不如冷静下来，沉着应变，只有一个人的心态稳定下来，才能够说出最有条理的话，才能够在谈判中占据有利的位置，取得更好的谈判结果。

遇强则强，可软化对方态度

一场争论可能是两个心灵之间的捷径。

——纪伯伦

谈判的时候，如果对手胡搅蛮缠，我们就很难通过摆事实讲道理的办法令对方服从。这时候，不妨改变策略，突然变得强硬起来，直截了当地回击对方。当你突然强硬起来的时候，对方会感到吃惊，想不到你的态度会发生转变，想不到之前委婉耐心的你居然不惜用冲突的方式解决问题。这时候，对方很可能会被你的气势压制，方寸大乱，难以按照预定的方式和你交涉。

林肯是一个性格和蔼的人，他宽容大度，深得美国民众的拥护。不过，面对蛮不讲理的人，面对不合理的要求，他也会以强硬的姿态果断予以回击。

林肯就任美国总统后不久，一个年轻人在总统接待日这天来到林肯的办公室，想要让林肯为自己提供一份工作。这个年轻人先是大谈自己的理想和伟大计划，然后夸耀自己的能力。

林肯很了解这个年轻人，他们见过很多次。对于这个夸夸其谈、不务正业的年轻人，林肯很不喜欢。于是，林肯委婉地拒绝了这个年轻人的请求，并建议他踏踏实实做好眼前的事情，努力提高自己的能力。

但是，这个年轻人不以为然，而是接着说："总统先生，让我试试吧，我会做好您给我的工作的！"林肯再次表示拒绝。

之后，这位年轻人的态度变得恶劣起来，他站起来，愤怒地指着林肯说："总统先生，我想我已经清楚地知道你是个什么样的人了，你根本不在乎我们这些年轻人，你一点都不关心美国的未来！"

林肯本来就很讨厌这个年轻人，现在再也无法忍受了，他严厉地盯着那位年轻人，然后从椅子上站起来，一把抓住年轻人的衣领，不由分说地将他往门外拽去，然后用很大的力气把门关上。那位年轻人一下子泄了气，尴尬地在门外说："你把我的简历还给我好吗？"

林肯怒气冲冲地打开门，将年轻人的简历摔在地上，然后狠狠地关上门。

林肯无法和这个年轻人正常交流，因为对方明显是在无理取闹。如果一味礼貌，讲究原则，年轻人可能会更加过分，一直纠缠下去。因此，最好的办法就是强硬对待，用直截了当的手段让他吃苦头。

当然了，强硬并不一定是发脾气，有时候可以按照对方的逻辑，直接攻击对方的弱点，压制对方的嚣张气焰。

1959 年，当时尼克松任美国副总统，他前往苏联参加在那里举办的美国展览会。在这次展会之前不久，美国国会通过了一项与被奴役国家有关的决议草案。这项决议中的一些内容让当时的苏联领导人赫鲁晓夫非常不满。

赫鲁晓夫将自己对于决议的不满发泄到了来访的尼克松身上，他在与尼克松会谈的过程中，表现得非常冷漠傲慢。双方谈到美国对外政策的时候，赫鲁晓夫直截了当地说：“你们国会居然会通过这样一份决议，实在是令人难以置信。并且，你们还是在我们两国之间重要会晤的前夕通过了这项决议，这实在是太糟糕了。不知道你有没有听说过我们的一句谚语，这句谚语是这样说的：‘不要在茅房吃饭。’当然了，相对于茅房的臭味而言，更臭的是马粪的味道。在我看来，你们的决议就像是马粪一样，没有比它更臭的东西了！不是吗？”

面对赫鲁晓夫无礼而粗俗的讽刺，尼克松非常生气，但是他并没有失态，而是平静地说：“我想您一定忘了，这世界上当然有比马粪更臭的东西，那就是猪粪！”尼克松说完之后，赫鲁晓夫的脸色一下子变得非常难看。原来，赫鲁晓夫在年轻的时候曾经做过猪倌，猪粪的气味，想必他非常熟悉。尼克松不露痕迹地反击了他。赫鲁晓夫虽然怒不可遏，但是也说不出什么。

面对高傲无理的赫鲁晓夫，尼克松采取了一种最直接也最有效的方式，那就是直击对方弱点，毫不留情地进行回击。

很多人都存在一种欺软怕硬的心理，因此，我们在与别人争论谈判的时候，不能一味忍让。别人如果确定你不敢反击，就会越来越强硬，这样的话，你就会处于被动。所以，适当进行强硬的反击是必要的，这样做有助于我们消除对方的优越心理，将双方拉回到同一高度，这样的话，我们才会慢慢掌握谈判的主动权。

谈判的最好结果是双赢，双方能够和谐融洽再好不过。但是，我们也要学会应对各种状况，要学会根据具体情况调整谈判策略，不仅要会和平协商，还要会强硬斗争。

拒绝的艺术

学会说‘不’吧，那样你的生活将会好得多。

——喜剧大师卓别林

与别人协商某件事的时候，我们的出发点是让别人听从我们的意见。相应的，别人也会试图说服我们，让我们听从他们的意见。当然了，如果意见可以接受，我们自然乐意听从，但是，如果对方让我们做的是我们不愿意的，我们就要学会拒绝。比如，有个关系比较好的朋友求你帮忙办一件违背你原则的事情，或者别人想与你合作，而你不愿意合作，这时候，要学会用合适的方法拒绝，既不为难自己，又不伤害对方的面子。

有些人觉得无法拒绝别人的要求，如果拒绝了，他会觉得愧疚，尤其是在对方唉声叹气的时候。其实，这个时候，我们根本没必要愧疚。如果我们力不能及却答应了对方，那么不但会耽误对方，反而会失信于人，使你在别人心目中的形象大打折扣。只要是我们办不到或不愿意做的事情，无论对方怎么请求，我们都要表明态度，坚决说“不”，而且越早拒绝越好，因为及早拒绝可以让朋友知难而退，或是让他有更充分的时间想别的办法。当然了，当在场的人多时，拒绝对方要讲究方法，以免对方下不来台。假如你总是模棱两可，对方就会对你抱有希望，继续要求你帮忙，直到你答应为止。所以，有时候我们需要明确地拒绝对方。

谢丽·兰辛是一个善于直接说“不”的女人。她30岁刚出头就当上了20世纪福克斯电影公司的董事长，办事果断，总能以最快的速度抓住机遇，让人深感佩服。

提起谢丽·兰辛，经纪人欧文·保罗·拉扎总是充满了敬佩，他曾经对记者说：“我每次请谢丽看电影脚本，她总是马上就看并很快答复我，她的答案很明确，要么是‘要’，要么是‘不要’。不过，就算她说‘不要’，她也照样把你当成朋友。而好莱坞的有些电影人则不同，给他看个脚本，如果他不喜欢，根本不回话，就让你傻等，不但耽误了你的时间，还挫伤了你的自尊……”

兰辛说话干脆，意思明确，绝不模棱两可，这是一种非常有魄力的拒绝方法，值得我们学习。

除了要学会明确意思之外，在拒绝对方的要求时，最好能说明原因，否则对方会认为你无视他。你可以大大方方地跟对方解释：“实在不好意思，这个我也无能为力。”“我今天也有一项新的工作必须要做，实在腾不出时间。”即便你经过考虑之后觉得可以答应他，也要记得给自己留余地，万一办不成的话，不但你能有一个台阶下，也可以避免让对方失望。当然了，也并非每次都有必要说明理由，如果你觉得找理由太累了，也可以简单地说一句：“我实在有更要紧的事要做。”说不定就能得到对方的谅解。

有一位电影演员很喜欢某位钢琴家，并想跟他交朋友，只是苦于一直没有机会。

一天，在一位朋友的引荐下，这位电影演员终于见到了他喜欢的那位钢琴家，并友好地向那位钢琴家发出邀请："我想请您参加我的电影首映礼，你能抽时间光临吗？"

当时，这位钢琴家正忙着准备一场巡演，实在没有时间，只好充满歉意地回答："能够收到你的邀请，我感到非常荣幸！我很欣赏你的作品，可我马上要有一场巡演，实在抽不开身，还请见谅！"

那位电影演员听了，虽然有些失望，可是见钢琴家那么谦和、诚恳，也不介意。

还有的时候，如果你没有办法直接拒绝对方，可以采取幽默委婉的方式，既要达到目的，又要息事宁人，防止得罪对方。

意大利音乐家罗西尼的生日是 2 月 29 日。因为每四年才有一个这样的日期，所以等他过第十八个生日时，已经七十二岁了。在他过生日的前一天，一些朋友告诉他，他们筹集了两万法郎，准备为他立一座纪念碑。

罗西尼原本听到朋友们的建议后，很想立马给予否决，但又不好直接拒绝，于是只好用浪费钱财的方式含蓄地拒绝了朋友们的要求，他说："哇，这么多钱给了石碑多浪费啊，你们给我吧，我自己站在那里好了！"朋友们马上从他的话语中明白了罗西尼的真正意思，大家相视一笑就不再提这件事情了。罗西尼的这种婉转拒绝方式，让朋友们既感受到了快乐，又达到了其本来目的，又没有伤害朋友的好意。

喜剧大师卓别林曾经说过：“学会说‘不’吧，那样你的生活将会好得多。”事实确实如此，拒绝别人的不合理要求，不仅可以节省大量的时间，减少不必要的麻烦，而且与勉为其难的接受相比，往往结局更完美，也更能显示你对对方的尊重。所以，无论是在与人商谈合作，还是在其他场合，我们都要学会拒绝，不被别人的要求胁迫，按照自己的计划和原则做事。

◤第八章　弯腰是为了更好地挺起

乌奋力冲破蛋壳，这颗蛋是这个世界。
若想出生，就得摧毁一个世界。
——黑塞

EIGHE

利益交换可促成双赢

最好的选项，常常是那个具有次好积极面和最少破坏性消极面的选项。

——大卫·维西《至关重要的选择》

谈判的时候，要想打动对方，最好是提出让对方心动的条件，满足对方的一些利益需求。如果对方能够从你这里获得利益，自然愿意和你合作。谈判一般来说都是比较功利的，说明白点就是双方利益的交换，双方都是奔着利益去的。俗话说，没有永远的朋友，也没有永远的敌人，只有永远的利益。当彼此利益一致时，谈判就容易进行；当双方利益冲突时，谈判便步履维艰。

有时候，即便你凭三寸不烂之舌和客户进行了深入的交流，也有可能依然无法消除客户心中的戒备或疑虑，可是一旦你拿出实实在在的物质利益，客户就有可能会与你合作。甚至有时随着利益格局的变化，朋友和对手的角色也会发生转变。所以，谈判的时候有必要明言利益来诱惑对手。

王宇是一家公司的经理，一直与一位名叫陈瑾的客户合作得不错。可是有一天，销售经理向王宇汇报工作，却说陈瑾无缘无故地终止了与他们公司的合作。

王宇觉得非常奇怪，就动用关系打听了一下，这才得知陈瑾正打算与另一家公司合作。这家公司不仅实力不如王宇的公司雄厚，在业内的声誉也不是特别好，这让王宇百思不得其解。为了找出问题到底出在哪里，王宇让秘书安排了晚宴，宴请陈瑾。

酒过三巡之后，王宇自然地将话题转入工作，并说："我们已经合作了那么久，我是什么样的人，你应该也很清楚吧？"陈瑾没有说话，只是点了点头。

王宇接着说："我听说你打算和另外一家公司合作，如果真是这样的话，我劝你还是再考虑考虑。我这么说并不是在中伤那家公司，也不是想让你转而跟我合作，只是站在朋友而不是客户的立场上提醒你要谨慎一些，否则我也没必要约你出来吃饭。"

陈瑾听了，脸上露出惊讶的表情。

王宇继续说："那家公司的水平真的不行，这一点我相信你已经调查过。如果你明知如此，还坚持要跟那家公司合作，那么你与其他客户的合作很可能会受到影响。我不知道你到底为什么要跟那家公司合作，可是出于自身利益的考虑，还请你听我一句劝，不要用那家公司的产品。就算你不想跟我们合作，还可以跟其他公司合作呀，毕竟好的产品也不只我们一家有。不过，说到产品，我倒是非常疑惑，很想知道我们的产品有哪些不足，不然你们为什么不跟我们合作呢？"

陈瑾听到这里，面露难色地说："其实，不是因为你们的产品有问题，而是因为我们想节约成本。"

王宇回答："节约成本确实很重要，可是如果节约成本是以牺牲客户的信任为代价，那就得不偿失了。这样吧，我回头跟董事会确认一下，尽量给你们更低的价格。咱们合作这么长时间了，不能计较这点利益。等我这边确定了，再找你谈，我会尽量满足你们降低成本的要求。作为朋友，我也不想看着你们使用有问题的产品，一时降低了成本，带来的弊端可是长久的。”

陈瑾听了王宇的话，陷入了沉思。几天之后，陈瑾给王宇打了电话，说要继续跟王宇合作。王宇考虑到陈瑾的难处，也答应在合作方面稍微让让步，双方再次合作成功。

王宇正是因为了解了陈瑾的想法，并站在陈瑾朋友的立场上考虑问题，设身处地地为陈瑾着想，这才让陈瑾改变心意，达到了双赢的效果。由此可见，了解客户的真实想法，尽可能在保证自己利益的前提下，满足客户的需求，这样做的话，客户也就更容易被你打动。

确实，利益是谈判双方的最终目标，只有利益才能迅速而有效地吸引客户，这是最关键也最直接的方法。

张辉是某公司的商务代表。一次，他被公司派去海外，和当地的一家中国公司洽谈业务。当时，世界各国还没有从 2008 年的金融危机中走出来，经济普遍都不景气，这家公司自然也受到了很大的影响。

张辉把这家公司的商务代表请到了饭桌上，一边吃饭一边就某种商品的售价与对方讨论。对方为了增加企业效益，将这种商品的售价提高了百分之四，使整个订单的成本比以前高出了上百万美元。张辉与对方讨论了半天，依然没有取得预期效果。

见对方如此固执，张辉说："这么多年以来，我们一直是合作伙伴，所以相互之间也算了解，如果条件允许，我们一定会接受贵方的要求，可是你们也知道如今的情况，就目前的成本价来说，我们实在无法接受，否则肯定会破产。在经济危机的大浪中，我们可以说是一条船上的人。作为一条船上的人，难道你们真的愿意看见我们破产吗？要知道，如果我们不好，你们也会跟着受影响；可如果我们好了，你们也会跟着好起来。"

对方听到这里，若有所思地迟疑了一阵。张辉看到他们已经被说动了，就紧接着说："咱们已经合作了这么多年，彼此的利益都是相关的，任何一方受到损失，对另一方都没有好处。现在，我们只有相互体谅，相互扶持，才能共同渡过难关。希望我们能够继续合作，共渡难关！"说到这里，张辉举起了酒杯。对方觉得张辉分析得也有道理，于是也举起了酒杯。出于自身长远利益的考虑，对方最终做了让步，只将该商品的售价提高了百分之二。

对方为了获得更多的利益，原本是不打算妥协的，可是后来经张辉晓以利害，意识到压低商品售价对他们自己其实也是有利的，这才做了让步。谈判的时候，想要完全压制对方，独占利益是不现实的，最好的结果是对双方都有利。互惠互利的情况下，谈判更容易达成，双方在之后也容易建立长久的合作关系。

所以，无论是在正式谈判还是日常交涉，要想说服对方，都可以从对方的切实利益入手，让对方为了自己的利益而让步，愿意听从你的意见。

妥协式心理战

谈判，不是强迫别人，而是重塑更好的自我。

战争是短兵相接，谈判则是言语交锋，两者有很多相似的地方。战争中，局面有利的时候，可以进攻，获取战争的胜利；局面不利的时候，应该学会退让、防守，减少损失。谈判也一样，需要攻守兼备，条件有利的时候，可以咄咄逼人，让对方服从自己，条件不利的时候，要学会让步，以退为进。

让步在谈判心理战中是一种策略，不是一种消极的溃败。适当让步能够满足对方的一些要求，使他们的谈判动机发生改变，使他们的立场不再坚定。优秀的谈判家能够通过让步的艺术拖住对方，最终以曲折的方式获得胜利。

公元 626 年，突厥得知唐朝政局发生变化之后，攻打大唐。当时唐朝政局未稳，边防也不牢固，突厥节节胜利，攻至距长安仅 40 里的泾阳。

这时候，长安防守兵力只有几万而已，如果与突厥正面对抗，几乎没有胜算。唐太宗李世民决定与突厥谈判，他一面布置疑兵，一面亲率高士廉、房玄龄等人在渭水隔河与突厥颉利可汗对话。

李世民先是指责颉利背约，然后表示可以向突厥纳贡。唐朝府库中财宝很多，这正是突厥人想要得到的。他们听说唐朝愿意纳贡，非常高兴，又看到河对面唐军不断集结，就决定接受李世民的条件。

于是，双方结下“渭水之盟”，突厥兵退去。之后，唐太宗励精图治，富国强兵。另外，他还不断挑拨突厥与铁勒诸部的关系。一年之后，东突厥内部出现内讧。再加上天灾，突厥势力迅速减弱。三年之后，唐军剿灭东突厥。

李世民面对不利的形势，做出了正确的决定。他在谈判的时候，表示愿意纳贡，将府库中的财宝献给突厥。这一个让步使突厥的立场发生了改变，可能原本他们想要攻进长安，掠夺财富，现在不用费力就能得到财宝，心里也就没那么强烈的战斗欲望了。

这就是妥协心理战的作用。生活中，我们也经常需要做出让步，满足了对方的一些要求之后，才能让对方听从我们的要求。

在一所中学，有一个班很差。一位老师接手了这个差班，兼任这个班的班主任和任课教师。

一天，学校安排部分班级平整操场，该差班也在列。开始平整操场了，这个班的学生大多都躲在阴凉处，只有几个学生在劳动。无论班主任怎么督促，都不能奏效。

这位班主任实在想不出办法了，只好对学生们说：“我知道你们并不是不愿意干活，而是因为天太热了。”

学生们谁也不愿意承认自己懒惰，就异口同声地说确实是因为天太热了。

班主任接着说："既然如此，那么我们就等太阳落山以后再劳动，现在大家就趁着这个机会好好玩一会儿吧。"

学生们听老师这么说，都来了兴致，气氛也没那么沉闷了。

老师为了使气氛更活跃一些，还让班长买了矿泉水给学生们解暑。学生们又说又笑地玩着，不等太阳落山就主动开始劳动了。

这位班主任采用的就是通过妥协，采用"以退为进"法，而达到了目的。他考虑到了同学们的难处，做出了让步，让同学们觉得非常满意。等太阳下山之后，同学们没有理由再拖下去了，自然主动开始劳动。这样的情况还有很多，都能够采用妥协的办法达到目的。

一天中午，一位企业家到他自己的钢铁厂视察情况，发现一块大招牌下站着几个工人，他们正在趁着午休时间抽烟。

企业家见状，不由得有些生气，因为他已经禁止员工在钢铁厂内抽烟，还在那块大招牌上写了"禁止吸烟"几个字，可是这些工人还是违反了规定。不过，企业家并没有指着那块牌子训斥工人，而是走到他们面前，给他们每个人递了一根雪茄，然后说："各位，如果你们能到外面去抽雪茄，我会非常感激你们的。"

工人们听了，马上意识到自己违反了一项规定，并决定以后不会再犯这种错误了。

如果企业家训斥工人，只会让工人因为难堪而对企业家有抵触情绪。可是企业家却没有这么做，而是以退为进——又给了每个工人一支雪茄，让工人们觉得，既然企业家对他们如此客气，他们也不能一再违反规定。

谈判双方的关系，其实跟事例中班主任和学生、企业家和工人的关系相似，各自都有自己的需求，有时候，需求并不冲突，能够用折中的办法解决。因此，我们在提出要求的时候，自己先退一步，表面上让步了，其实是获得了心理上的优势，得到了对方的认同。获得优势之后，趁机提出自己的要求，对方自然也会退一步了。

别怕主动承认错误

及早认错也是一种先发制人的方法。

很多人觉得，两人谈判的时候，语言交锋需要寸土不让，如果自己向对方承认错误了，就等于输给了对方。这种认识是片面的，有时候，承认错误是一种以守为攻的方法，承认自己某些方面的错误，可以让对方的攻击失去目标。对方发现你认错了，攻击性心理就会减弱。他们会觉得自己已经占了上风，不需要再咄咄逼人。如果他们能够原谅你，接下来就会和你产生一种亲近感，也就更愿意接受你的意见。

承认自己的错误并不是表示你真的就比别人差，而是一种勇气和策略。承认自己的错误就是自我批评，自我批评并不会使你损失什么，却能够让你在谈判中处于一种易守难攻的地位，对方如果接着指责你，显得不通情理；如果态度发生了转变，那就正是你反攻的好机会。因此，承认错误，及时道歉是一种很好的谈判策略。

陈平是某出版社的签约作家，写作水平很高。赵子明是某出版社的编辑，有些吹毛求疵，每次约稿时都要求陈平按照他的指示进行创作。

不久之前，赵子明再次与陈平碰面，要求陈平在规定时间内完成一部书稿。陈平虽然觉得时间有点紧张，可还是如期完成了书稿。赵子明接到书稿之后不久，打电话叫陈平去他的办公室谈书稿。陈平一走进赵子明的办公室，就发现赵子明的目光里充满了挑衅，这也是陈平意料之中的事。等陈平坐下来之后，赵子明对他说："你为什么没有按照我们之前的约定进行创作？"

陈平说："如果这种写法有错，那么我没理由为自己辩解，只能承认我这样写是不对的。我是出版社的签约作家，不按照出版社的要求进行创作是不应该的，我深感内疚。任何错误都要付出代价，我会承担相应责任的。"

赵子明听了，立刻改变了态度，反而为陈平开脱："你说得对，不过这种错误并不严重，只是让我……"赵子明说到这里，没有继续说下去。

陈平说："你的心情我可以理解。你代表了出版社，有权要求我按照你的意思去做。我回去一定按照你的意思把稿子改好，也可以重新创作。"

"不，不，不必了，没有那么严重！只是没有按照我的想法去写而已，可是效果却很好，如果能够稍微改动一下，那就更好了。你不必太担心。希望我们以后合作愉快！快到中午了，一起吃顿饭吧！"

如果陈平一开始就反驳对方，说自己完全没错，很可能会激起对方的攻击性，免不了两败俱伤。但是，陈平直截了当，完全没有推卸责任的意思，这一点让出版社的编辑非常意外。既然书稿并没有大的问题，作者态度又非常谦逊端正，编辑也就不再吹毛求疵，而是本着解决问题的原则，协商解决。这就是及时承认错误的妙处。

然而，很多人都不愿意承认错误，他们觉得自己没有什么错。这一点认识也是非常片面的。没有人是完全不会错的，西奥多·罗斯福入主白宫的时候，曾说："如果一个人做的事情能有75%的正确率，那么，他就是趋于完美的人了。"像罗斯福这样的杰出人物，都能放下身份承认自己做的事25%以上都是错的，那么，谁又敢说自己没有错误的地方呢？事实上，当我们和别人发生争执或者陷入谈判僵局的时候，双方都会在某种程度上存在错误，这时候，我们想要打破僵局，就需要反省自身，先批评自己。

在一家人流众多的服装商城，一名女售货员正忙着帮顾客挑选衣服。这时，又来了一名顾客，拎着两件衣服站在柜台旁边喊："哎，小姐，我要买这两件衣服，快点帮我装一下。"见女售货员没有反应，这位顾客生气地冲着她喊："喂，叫你呢！你耳朵聋了吗？"

听到这话，女售货员当然也特别生气，针锋相对地回道："你眼睛瞎了？没看见我正忙着的吗？"于是，两人开始争吵，最后甚至谩骂起来。

同一商场的另一位女售货员也遇到过相似的情况，她则是选择了另一种策略。

她调整了一下自己的情绪，对着这位脾气暴躁的顾客微笑着说："对不起，先生。刚才我忙着和别的顾客说话，没有注意到您，我马上帮您装这两件衣服，请稍等。"

这时，那名发火的顾客也显得有些不好意思，尴尬地回道："刚才我的态度有些不好，主要是我着急赶时间，还请原谅。"就这样，一场冲突轻松避免了。而在一旁观看的人也都对这位女售货员投以赞许的目光。

当然了，如果承认错误的时候语气生硬，带有一种敷衍的意味，结果只能适得其反，让事情变得更糟。承认自己的错误看似简单，却需要真诚，态度一定要诚恳，要把心中的歉意准确地传递给对方。

谈判的时候，有点像压弹簧，你盲目强硬，对方也会毫不相让，如果你减弱自己的压力，对方可能也会改变态度。所以，当你和谈判对手陷入僵局、一筹莫展的时候，不妨反躬自省，坦承自己的错误。真诚地说出自己的不足，可以让对方清楚地感受到你和解的诚意，这时，谈判氛围很可能就会变得融洽，你也就有机会更进一步。

有条件的让步型策略

小事多糊涂，大事不含糊。

俗话说："和气生财。"我们与别人语言交锋的时候，即便对方不够讲理，我们也要能忍则忍，适当做出让步。

的确，在谈判的时候，在宾主双方一团和气的气氛下，交流更容易继续下去。虽然每个人都是一个独立的个体，大家在个性、生活习惯等方面存在许多差异，但是我们依然能够从中找到一个平衡点，求同存异，和气地对待每个人。所以，我们要尽量与其他人保持和气。即便有人对我们不够礼貌，我们也要能忍则忍。忍人之所不能忍，方能为人所不能为。比如在鸿门宴上，刘邦还没有与项羽抗衡的实力，只能暂时让步。言语间不与项羽争锋，即使自己先得了咸阳，也不据理力争。

正是这样的让步帮助刘邦保存了实力，最终一步步发展壮大，打败项羽。如果当初刘邦一气之下与项羽硬碰硬，哪里还能成就丰功伟绩？也无异于弃鸿鹄之志而与燕雀争高下。做人大度一点又何妨？俗话说得好："量小失众友，度大集群朋。"所以，不要争一时之短长，应该能忍则忍。

学会让步也是助你征服谈判另一方的黄金法则之一。当然，这里的"让步"可以是一种心态，也可以是一种策略。但无论是从策略层面讲还是心态层面讲，“让步”实际上都是一种迂回的进攻策略。譬如，从纯粹的技术层面来分析，你可以事先提出一个或者数个高于你期望值的要求和条件，而通常这也会超出对方的承受能力。之后，你再在对峙过程中，逐步地降低己方的要求和条件，这将使你们的条件更具诱惑力。

不过，并不是任何时候都要让步，如果客观条件允许，对方又在原则性问题上侵犯了我们，那我们就应该寸步不让。虽然我们注重以和为贵，不说损人的话，不做伤人的事，只要能忍就忍了，但是如果对方太过分，我们也不会总是刻板地秉持“和为贵”的原则，如果有必要，一定反击，而且一击即中，彻底解决问题。若是在原则性问题上让步，一副唯唯诺诺的样子，那是麻木不仁的行为。换句话说，就是凡事能忍则忍，不能忍时无须再忍。

秦国为了统一天下，到处攻打别国，赵国也未能幸免。赵军打退了秦军的三次进攻，暂时遏止了秦军的攻势。

公元前279年，秦昭王想集中兵力攻打楚国，又怕赵国借机报复，于是派使者出使赵国，请赵惠文王到西河外的渑池进行友好谈判。

赵惠文王担心有诈，不敢去。大将军廉颇和上大夫蔺相如商议了一番，都认为赵惠文王应该去，于是劝赵惠文王：“秦王请您去和谈，大王若是不去，会显得赵国力小而胆怯，使赵国沦为其余六国的笑柄。为避免出现这种情况，大王还是冒险去一趟比较好。”

赵惠文王听了，只好答应赴约。蔺相如随行，保护赵惠文王。赵惠文王到了渑池，双方行礼，然后赴宴。

酒到中巡，秦昭王假惺惺地对赵惠文王说：“寡人听说赵王精通音律，尤其喜欢鼓瑟。今天大家喝得如此尽兴，不如请赵王鼓瑟，为大家助助兴吧！”赵惠文王不敢推辞，只好接过秦国侍从递来的瑟，弹奏起来。

这时，秦国的史官拿着竹简和笔走上前来，在竹简上记录：“某年某月某日，秦昭王与赵惠文王在渑池宴饮，秦昭王命令赵惠文王鼓瑟。”

赵惠文王身为一国之君，被迫为别国君主奏乐，还被史官当场记录下来，这在当时无疑是奇耻大辱，赵惠文王虽然满心抑郁，却无计可施。

蔺相如见状，很不高兴，忽然从座位上站了起来，走到秦昭王面前，恭敬地说：“赵王听说秦王擅长击缶，还请秦王为大家击缶助兴。”

秦昭王听了，勃然大怒，拒绝了蔺相如。蔺相如没有屈服，捧着缶来到秦昭王面前，跪下来恳请秦昭王击缶。秦昭王依然不肯击缶。蔺相如威胁秦昭王说：“我现在距离大王只有五步之遥，如果大王不答应，我就算拼了命也要溅大王一身血。”说完，就要上前跟秦昭王拼命。

秦昭王大惊失色。秦昭王的侍卫连忙拔刀，要杀蔺相如。蔺相如临危不惧，瞪大双眼朝侍卫大吼一声，吓得侍卫连连后退。秦昭王知道蔺相如言出必行，只好勉强在缶上敲了几下。

蔺相如如愿以偿，转身让赵国史官把这件事记录下来：“某年某月某日,赵惠文王和秦昭王在渑池宴饮,赵惠文王命秦昭王击缶助兴。”

秦国大臣为了取悦于秦昭王，说：“请赵王献出赵国的十五座城池，给秦王当礼物！”

蔺相如不甘示弱，回答：“请秦王献出秦国国都咸阳，送给赵王当礼物。”

直到宴席结束，秦国也没有占到便宜。

与此同时，廉颇率大军驻扎在赵国边境，提防秦国。

秦昭王知道了此事，不敢轻举妄动，只好跟赵王达成停战协议，然后放赵惠文王回去了。

谈判有时候更像一场暗流涌动的较量。收到对手发出的挑衅信号时，如果忍无可忍，不妨勇敢地还击，这样才不会处于被动地位，才能维护自己的尊严和利益。

总之，让步并不是无条件的。事情要办好，有时候不能不让步。但是如果对方不知趣，得寸进尺，我们也要学会主动出击，保护自己的利益。

夫妻分歧的解决，也需要谈判

著名作家余光中说：“家是讲情的地方，不是讲理的地方，夫妻相处是靠妥协。婚姻是一种妥协的艺术，是一对一的民主，一加一的自由。”

俗话说：“夫妻床头吵架床尾和。”正常夫妻难免会在生活中有些磕磕绊绊，你一言我一语地吵起来。有人说这也是婚姻生活的一剂调味品，但是凡事都应该有一个度，吵架次数太多，难免会伤到夫妻间的感情。实际上，从谈判的角度去理解夫妻间的分歧，可以发现夫妻间产生分歧的原因之一就在于——夫妻双方对彼此都各有所求，而又不愿意向对方让步。如果在产生分歧时，能够运用一些谈判心理战术，协调彼此的需求，问题将更容易得到解决。

妻子的独白：

又和老公吵架了。每次吵架他都会说我是个“挑事儿”的，说我没事干吃饱了撑的总想跟别人吵一架。我想说，谁会天生就喜欢吵架呢？如果他能做得好一些，我会没事就和他吵吗？

先从日常生活中的小事说起吧。家里的家务活基本都是我做，这没什么，我是个比较传统的女人，觉得女人多打理一些家里的事这是应该的。但是作为丈夫，你不做家务可以，但是也不该给别人添乱吧。

每次吃饭，他都会把饭掉到地上。我告诉他注意一些，不然踩到了会很难收拾。他这么大个人了，像个孩子一样掉饭就不说了，总不会连话也听不懂了吧。但是他每次都像要跟我对着干一样，还是要掉饭，还越掉越多。这种小事说起来真是没完没了。我告诉他洗漱的时候不要在镜子上溅那么多水，不要用鞋在墙上蹬出脏印子，不要把瓜子皮吐到地上，但是说了就好像没说一样，他就是不改。他这些都是一些不好的生活习惯，我希望他改正都是为他好，我也能省一些打扫起来的麻烦，又不是要害他，他至于这么和我对着干吗？

他要是个特别能挣钱的人也就算了，他爱怎么样就怎么样，大不了我请个保姆回来跟在他屁股后面收拾。偏偏他又没什么能力，这么多年了都没升职，就守着那点死工资，我们的生活水平也一直上不去。他要是像别的男人一样有能力一点，有魄力一点，我们现在肯定会过得更好。我也不知道我当初是怎么想的嫁了个这么懦弱、无能的男人，不过俗话说，嫁鸡随鸡嫁狗随狗，我还是很想死心塌地地和他过下去的。但是他现在总在小事上惹我生气，我没法忍住不同他吵。

丈夫的独白：

“婚姻是爱情的坟墓。”我觉得这句话应该改成“婚姻是男人的坟墓”。为什么呢？因为坟墓里的都是痛苦的行尸走肉，像我老婆那么有精神头天天骂人的女人，她不可能是在坟墓里，她应该是在坟墓外。我才是在坟墓里，每天大气都不敢出，就怕哪件事做错了她又要借题发挥吵起来。

我记得婚前她是个特别温柔可爱的姑娘，但是一结了婚，就像突然被谁施了魔法一样，变得唠唠叨叨，又爱生气，简直是完全变了一个人。我在自己的家里，过得却好像都没有在外面自在。每天从一睁眼开始，耳边就是她的埋怨声。“你又溅镜子上这么多水。”“你又把饭掉地上。”“你又把墙蹬脏了。”现在一听见“你又”打头的话，我就下意识地不想再听下去了。她的唠叨真的让我很烦，让我觉得这个家好像只是一个需要随时保持干净的地方，而不是一个能让人自在休息的港湾。

她还有一点，是我最不能忍受的，就是在我的朋友面前数落我。以前，我还经常会带朋友回来小聚一下。但是每次他们一来到家里，她就会说些让我特别下不来台的话。某某某，你看你混得多好，我们家这位就是胆小，什么都不敢放手去做，要是有你那两下子，现在也不至于只是个小科员。某某某，你教教我老公怎么样才能升官，他这个人脑子不如你活，得多向你学着点。她这样说话，弄得我朋友哭笑不得，渐渐地，我就不把他们领回家来了。现在，我也不再总是忍气吞声地听着她的埋怨了，我也会反击，我们两个三天一小吵五天一大吵。我知道这么吵下去肯定会影响感情，但是如果不把她带给我的坏情绪发泄出来，我真的会很憋闷。

通过这两段妻子和丈夫的独白，可以很清楚地看出两人分歧的原因。妻子希望丈夫注意自己的生活习惯，丈夫对妻子整日的唠叨感觉很烦。妻子不满丈夫没有能力让他们的生活水平变得更好，而丈夫又责怪妻子不应该在朋友面前让自己失了面子。两个人都对对方有要求，有不满，但他们的这些要求并不是难以调节的。如果我们现在让这对夫妻之间进行一次谈判，双方实际上可以通过各自让步的方式来达成自己的愿望。

一方面，双方应该向彼此说明自己的需求。在生活习惯这一问题上，妻子希望的是丈夫能够改掉自己的坏毛病，注意生活中的小细节。而丈夫希望的是妻子能够不再总是唠叨自己。所以，如果丈夫能够退一步，多多注意一下自己的生活习惯，体谅妻子操持家务的辛苦。那么相应地，妻子也不用再时刻准备着在细节上抱怨他了。另一方面，丈夫不希望妻子在外人面前数落自己，而妻子希望丈夫能够在职场上更加努力。那么如果妻子能够退一步，注意自己在丈夫朋友面前的言行，换一种方式给丈夫动力。相应地，丈夫也会在不抵触的情绪下，认真考虑妻子对于自己的期望。

夫妻间的分歧需要谈判来进行调解，通过开诚布公地向对方说明自己的需求，让对方明白自己的期望和不满，最终通过一方让步或双方让步的方式来解决问题，夫妻间的分歧将会得到调解。总之，退一步海阔天空。在夫妻间发生争端时，以谈判的心理来协调彼此需求，互相多为对方着想一些，分歧就能够被化解，夫妻就能重归和谐的婚姻生活。

及时道歉，解决矛盾

想做一件事情的当下，就是行动的最佳时机。

解决矛盾也是一种特殊的谈判，也就是和对方和解，让对方愿意和你心平气和地进行交往。事实上，日常生活和工作中，每个人都可能会与别人发生矛盾。矛盾发生之后，如果不加解决，双方就难以融洽相处。那么，怎么解决矛盾，使对方能够和我们和解呢？一个重要的办法就是及时道歉，会说“对不起”。

每个人都有自己的原则，当原则被触犯之后，可能就会心生不悦。但是，这种不悦不是不可以消除的，多数人都希望自己可以和别人和睦相处，所以，看到别人向自己道歉的时候，他们的怒气就会消解一部分。

但是，很多人性格高傲，言语尖锐，拒不饶人，宁愿把愧疚深埋心底，也不愿意放下自尊，主动和别人说一声：“对不起。”殊不知，这样做会给他们的生活和工作带来很多的麻烦和不愉快。

和别人真诚地说一句对不起，可以让对方清楚地感受到你和解的诚意，这时，即使对方心里有火，也不好意思在当面发泄出来。所以，如果我们说了某些错误的话，做了某些错误的事情，要学会道歉，学会赢得别人的谅解。

电影《孤男寡女》里面，郑秀文饰演的女主角 Kinki 是刘德华饰演的男主角“华少”的手下职员。华少拼劲过人，交际灵活，事业成功，Kinki 为人尽忠职守，却带点神经质。起初，华少并不喜欢做事不牢靠的 Kinki，甚至有点厌烦她。

一次，为了一单生意，Kinki 只身跑到内地找客户。但是，由于人生地不熟，Kinki 被黑车骗了，最终迷路。华少得知后亲自到内地与客户谈判，在谈判成功之后 Kinki 方才出现。这时候，华少大声指责 Kinki 没有听从安排私自行事，而且因为迷路让别人大费周折才找到。这时候，Kinki 只是靠着车门说：“对不起，我不是有意的。”华少再指责的时候，她又说：“对不起嘛，我也不想的，谁知道遇到了黑车。”

就这样，华少满满的怒气消于无形，改口安慰 Kinki。这一件事，也成了两人感情的转折点，从此两人相互之间也有了好感。

生活中有很多人在与人交谈中遇到矛盾或摩擦时，都是不管不顾地大声争执、训斥、谩骂甚至大打出手。他们都不曾想过，这样只会让局面变得难以收拾。如果有人能够先说声“对不起”，让双方的心静下来，那会使问题得到更好的解决。

对于有些人来说，道歉并不像我们想象中的那么简单。在认识到自己的错误以后，大部分人会觉得羞愧不已，而当众承认错误，主动说一句“对不起”，是需要非常大的勇气的。

另外，说“对不起”除了要勇气外，还需要注意两点：一是不要犹豫不决，要及时；二是不要先辩解，不要逃避责任。

当我们犯下错误并对对方产生了坏的影响时，要立刻低头认错，越早越好。否则，很可能会失去道歉的机会，而且还会给对方留下不好的印象。特别是，当对方已经发火时，我们既不能和对方争辩，也不要保持沉默，及时勇敢地向对方道歉，多少能挽回一些影响。

当然，在说“对不起”时，态度一定要诚恳，要把心中的歉意准确地传递给对方。如果道歉时语气生硬，带有一种敷衍的意味，结果只能适得其反，让事情变得更糟。

在道歉时辩解也是要不得的。此时为自己的错误辩解，对方根本就听不进去，这样做，只会引起对方的反感，情况反而恶化。所以，这时我们要做的就是先主动道歉，等对方冷静时，我们再说说自己的看法和意见。

虽然道歉时不能辩解，但用一些语言的技巧为自己的错误补漏还是可以的。这样既可以缓和自己的尴尬处境，也可以更快地让对方消气。

另外，如果和别人发生争执时责任并不在你，而这时你却能够大方地说一声“对不起”，更能显示出心胸的开阔，也更能赢得对方的尊重。其实，对于许多事情我们都是可以原谅的，我们不妨大度一些，主动说出“对不起”，让生活中的不愉快随之烟消云散。

事实上，说出来一句“对不起”真的没什么大不了。别人不仅不会因此而小看你，而且会跟你站在一起，说服当事人原谅你。“对不起”是一句在生活中必不可少的话，毕竟人与人之间交流的时候难免会发生一些矛盾，敢于说“对不起”才会化解这些矛盾，才会让交谈变得更加轻松。

说话要留有余地

那些不能记住过去的人注定要重蹈覆辙。

——大卫·维西《至关重要的选择》

大多数人都是多疑的。多疑并不是说人与人之间缺乏信任，它是一种非常正常的心理，因为这个世界上能够完全确定的事情少之又少，所以对于不留余地的话语，人们经常会持怀疑或者排斥的态度。正是由于这种普遍心理的存在，我们在生活和工作中，尤其是涉及有谈判性质的事件时，尽量不要把话说满，要给自己留退路。

事实上，多数人对于太绝对的东西都会不由自主地产生一种排斥感。比如，当你斩钉截铁地说："事情就是如此，我说得一点儿也没错。"别人心里就会产生这样的疑问："难道真的一点儿也不差吗？"这时候，即便你说的就是事实，别人也可能舍本逐末地抓住你这句话不放，有意拆你的台。

一个推销员挨家挨户推销吸尘器，但是由于经验不足，业绩一直上不去。他苦思冥想，终于想到了一个好办法。第二天，这位推销员信心满满地叩响了一家高级住宅的门。女主人开门之后，这个销售员并没有打招呼，也没有介绍自己的产品，而是不顾女主人的阻拦，将满满一桶的牛粪洒在了原本干干净净的地板上。

女主人生气极了，她正准备发火呢，这位推销员马上解释说："夫人不要误会，我无心冒犯。我只是在向您展示一下我们公司的这款性能优越的吸尘器，不需要您做任何事，给我五分钟时间，绝对让您的地板比原来还干净。"

女主人看到推销员信心满怀的样子，抱着双臂问道："那要是你做不到呢？"

推销员大声回答："如果不能很快还您一个干干净净的屋子，我就把这些牛粪吃了！"

女主人微笑着打量了他一下，转身进屋。她先去关掉了屋里电源的总开关，然后又走进厨房。她出来的时候，手里拿着酱油和醋。推销员十分好奇："您不问问我们这款产品的优点，为何拿出调味料呢？"女主人不屑地说道："我更好奇的是，你在吃那些牛粪的时候，是不是需要加一些醋去去味道。"

推销员非常诧异："您根本没有看到我操作吸尘器，怎么知道我不能把地板清理干净呢？夫人怕是多虑了吧？"

女主人哈哈大笑："你话说得太满了吧，你不是说完全不需要我的配合，你自己就能清理干净这些脏东西吗？我现在不给你供电，你清理吧！难道您自带了发电机？"推销员顿时愣在当场。

这位倒霉的推销员，显然激怒了女主人。虽然他的商品可能真的非常好用，但是他的鲁莽行为以及不留余地的话语让女主人产生了排斥心理。这样一来，他不仅没有打动客户，反而被嘲笑了一番。

现实中，有很多自以为是的人，总觉得自己的见解不容置辩，因此把话说得满满的，不留丝毫余地。这样的说话方式经常会给他们带来麻烦，让他们在与人交流的时候陷入尴尬的境地。我们在与人交涉的时候，说话一定要留有余地，这样才能避免他人恶意挑刺，使自己进退为难。

要知道，这个世界处处充满着偶然，无数杂乱无序的因素能够促成任何结果。在一件事情发生之前，没有人可以预见结果。相信自己与拍胸脯、打包票有着微妙的区别，虽然都是我们坚信自己能够取得胜利，这样的信心是促成美好结局的必要条件，却并不充分，我们不能够在结果出来之前就举杯欢庆，这样往往会闹笑话。

某公司要开发一个新项目。老板叫来下属吴军，问他能不能胜任这个工作。

吴军看也不看计划书，拍着胸脯回答："没问题！"

老板听了，虽然很高兴，但是总觉得吴军有些轻率。

过了几天，吴军果然没有任何动静。老板问他进度如何，他才老实说："不像想象的那么容易！"

老板让吴军继续努力，可是对他的信任却打了折扣。

说话无论是不合情理还是太过绝对，都容易失去别人的信任，所以在与人交流的时候，我们一定要避免这样说话，以免让人觉得你华而不实，难以信任。与其尴尬地收回自己以前的话，不如事先就低调一点。更何况，意外之事时有发生。不把话说得太绝对，就可以容纳意外，使自己进退自如。当然了，也有人能说到做到。可是，即使如此，把话说得太绝对也是不可取的，毕竟谦虚能给人留下好印象，而一味地拍胸脯则会让人觉得你不够稳重。

因此，我们在谈判的时候，有时候要学会含糊其辞，给自己留退路。说到含糊其辞，掌握最到位的一类人恐怕是算命先生了。比如，如果是一个男人来看相，算命先生可能会说："你有女祸。"来看相的人听完，一般都会非常吃惊。有些人会想，这位算命先生算得真准，因为我昨天晚上还在外面和情人幽会。还有一些人会想，这位算命居然能看出我有"妻管严"，怪不得名气这么大呢……被看相者就这样自以为是地揣摩着有关"女祸"的意思，然后得出一个结论——这位算命先生算得真准！一些算命先生之所以有名气，也正是因为他能在短时间内巧妙地猜测出来看相者目前的心境，然后提供一些模糊的信息让看相的人"对号入座"。此外，算命先生还会向来看相的人提供一些忠告，使他们无形中陷入了他所设的"圈套"之中，这样看相的人自然就会认为他"算"得准了。这也是算命先生至今还到处可见的原因所在。

当然了，这么说不是要你像算命先生那样，而是为了证明含糊其辞的重要性，在谈判中，你可以视情况决定要不要采取这种方法。如果能够在谈判中恰当地运用这种方法，当然也能收到同样的效果。

你可以答应别人的请求，但最好不要"保证"什么，而应该代之以"我尽量""我试试看"这类字眼。比如，如果上级交代你办一件棘手的事，为了赢得上级的赏识，你完全可以答应，但是不要说“保证没问题”，而应该说“应该没什么问题，我全力以赴”这类话。用不确定的词语，可以降低对方的期望值。这样说不但无损于你的诚意，反而会显得你很谨慎。即便你做不到或是做得不好，对方也不会责怪你。假如你能出色地完成任务，往往会令领导喜出望外。这种超出预期的喜悦，会给你带来很多好处。

“话不要说满，事不要做绝”。时时处处留有余地，是一个人成熟的标准之一，也是一种保守、稳妥的谈判策略。

话中带话可表达言外之意

吸引定律告诉我们，我们说些什么，就能吸引什么。

很多话并不只是表面意思，有时候，一句话往往能包含多种含义。很多人说话喜欢绕弯子，曲曲直直的，表面上是在表达这个意思，实际上表达的是另一个意思。有时这种表达方式在特定场合中可以起到很好的作用。

在谈判中，某些情形下需要开门见山，直截了当，还有的时候则需要曲折一点，用一些双关的话表达言外之意。

很多时候，直接提出建议或者说出要求显得太突兀，可能会激怒对方或者让对方没面子。对方一旦心里有气，可能会跟你作对，不愿意听从你。因此，我们在与人谈判的时候，要学会绕绕弯，话里带话，用比较隐晦的方式暗示对方。

在很多历史事例中我们可以发现，提意见“直来直去”的人，不仅难以获得上司的满意，反而可能因此而遭到打击。所以，说话不要太直接，学会用言外之意巧妙劝说上司，让上司从你的隐晦的话中，自己悟出应该如何去做，既保住了面子，又领会了你的意见。

楚庄王的一匹爱马死了，楚庄王非常伤心，下令以大夫礼节厚葬。文武百官纷纷劝阻，可是都无济于事。楚庄王说：“谁敢再来劝阻，定斩不饶。”

宫廷艺人优孟得知此事之后，来到宫里仰天大哭。楚庄王见状，百思不得其解，迫不及待地问他到底是怎么回事。

优孟回答：“那匹马是大王最喜欢的马，如今大王却要以大夫的礼节来安葬它，实在太寒酸了，还请大王用君王的礼节厚葬它！”

楚庄王非常纳闷，越发想知道理由了。

优孟继续说：“请大王用美玉雕成棺材，命令各国使节以最高礼节来祭奠它，让各国都知道大王以人为贱而以马为贵。”

楚庄王听到这里，恍然大悟，急忙向优孟请教补救之法，并听从优孟的话把那匹马交给了厨子。

优孟是正话反说，而庄王则捕捉到优孟的弦外之音，进而改正了自己的错误。这样的说话方式不仅有效，杀伤力也低，不容易激起对方的对抗心理，非常实用。

确实，真诚应该是待人处事的一条准则，但直炮筒子未必受欢迎。如果所求的事不大，或者意见并不尖锐，或是对方能够轻易办到，对方往往都不会拒绝。可是，如果是一些难以启齿的事，比较尖锐的意见，或是一些重大的事，对方可能会立即拒绝，这时你就需要旁敲侧击了，引导对方一步步走进你设下的“圈套”，让对方心甘情愿地答应你。在这一方面，宋太祖赵匡胤“杯酒释兵权”的故事给我们做了一个很好的示范。

宋朝初期，国内局势很不稳定，统领藩镇的武将不断起兵造反。宋太祖赵匡胤为此十分头痛，于是召宰相赵普商议对策。赵普说："造成天下混乱的根本原因，是藩镇的势力太大，根本不把君主放在眼里。要想解决这个问题，只有削弱藩镇的权力，这样天下就能太平了。"此举虽然有效，但是收回兵权谈何容易？稍有不慎便免不了大动干戈，而且胜负难料。赵匡胤思来想去，决定凭自己的智慧说服武将们自动交出兵权。

乾德元年（公元 963 年）春季的一天，在晚朝之后，赵匡胤留下石守信、高怀德、王审琦等几位高级武将，与他们把酒言欢。酒至半酣，赵匡胤才不慌不忙地对众武将说："若是没有诸位爱卿，朕也当不了这个皇帝。不过，朕如今虽然贵为天子，却不如以前快活。老实说，朕自从当了皇帝之后，就没有睡过一天安稳觉！"

石守信等人听了这番话，不由得大惊失色，问："陛下何出此言？如今天下已定，谁敢对陛下有异心？"

赵匡胤回答："谁不想大富大贵呢？假如有一天，你们的部下给你们穿上皇袍，拥戴你们做皇帝，就像你们当初拥戴我一样，那时即使你们不想造反，恐怕也身不由己了！"

石守信等人听了，猜出皇帝已经开始怀疑他们有造反之心，吓得面如死灰，立刻跪倒在地，一边磕头一边哭着说："臣等愚昧，不知该如何处理此事，还请陛下可怜可怜我们，给我们指一条生路！"

赵匡胤这才不疾不徐地说："人生苦短，犹如白驹过隙，不如多积攒一些钱财和田产留给子孙后代，饮酒作乐以终天年，君臣之间没有猜疑，上下相安无事，这样岂不是很好？"

石守信等人听了，都叩谢圣恩："陛下对我们真有起死回生的恩惠啊！"

第二天，石守信等人便纷纷上书，自称年老体弱，要求解除兵权。赵匡胤欣然同意，并让他们到地方上担任节度使。

赵匡胤没有直接要石守信等武将交出兵权，而是通过旁敲侧击让武将们意识到了拥有兵权的危害，让他们主动放弃了兵权。

很多时候，话中带话这种间接的交流方式比暴力手段更有效，它的存在是一种实际需要。比如，谈判一方可能必须装出不妥协的姿态，同时又必须在合理范围内进行妥协，以达成协议。无论是买主还是卖主，都会被这种双重压力困扰。为了使谈判条件在摩擦最小的情况下传达给对方，谈判双方就有必要建立间接谈判关系。在这种情况下，即便对方拒绝了这个非正式的请求，双方也不会失掉面子。所以，话中带话这种间接的沟通方式，可以帮助谈判者和公司在不伤面子的情形下悄悄地放弃原先的目标，而某些偏差了的目标，也可以借助半正式或非正式的沟通方式加以修正。

谈判最好的结果就是双方达成一致目的，同时相互之间又没有对抗情绪。要想达到这样的目标，暗示、旁敲侧击就是很好的办法。因为直来直去的话语容易伤人，通过暗示，让对方读懂言外之意的话，就多了一个缓冲，更有利于谈判的达成。

何时说话要留有余地

人情留一线，江湖好相见。

人与人交流的时候，由于立场、观点等方面的不同，相互之间难免会出现分歧。在有些情况下，其中一方可能会进退两难，如果拒绝对方，可能会让对方无法接受；可如果不拒绝对方的话，他自己又难以保全。在这种情况下，模糊表态无疑是一种令人容易接受的方式。

多数人被拒绝的时候，都会觉得没面子，进而心生不满。模糊表态则能够保全被拒绝一方的面子，因此，更容易被接受。

这种方法的要点，在于用恰当的方式和巧妙的语言回避对方的请求，而不直接拒绝对方，可同时又没说一定能帮上忙。这种方法不但能给说话人留有足够的余地，尽可能地保全说话人，还能给对方带来一些希望，有效地安抚对方的情绪，避免了伤害对方自尊的情况。模糊表态是必须掌握的一种谈判策略。

随着人们越来越重视环保，市场上的环保产品也越来越多。张松凭借商人的敏感，早早地意识到柳编有利可图，于是来到有“桐木之乡”之称的山东曹县，与当地许多桐木产品收购站建立了生意往来。由于诚信经营，张松与这些收购站合作得很愉快。

一天，张松又到山东收货。当地一家颇有实力的公司派代表来请他吃饭，希望双方可以合作。该公司的代表表示，他们公司有能力包揽曹县的桐木生意，希望张松放弃和那些小收购站的合作，与他们公司联手，这样就能更好地控制产品的价格，为两家带来更丰厚的利润。

张松听了，沉思了片刻。他知道这么做对他无疑是有利的，但他又不能这么做，毕竟他与那些收购站已经建立了长久的联系。可是，如果不这么做，他也就得罪了对方。对方实力雄厚，和当地政府关系也不错，如果断然拒绝对方，无疑会有损对方的面子，对他自己的生意也会有些影响。

经过了一番考虑之后，张松对那位代表说："贵方提出的条件这么好，对我来说实在很有诱惑力。不过，你们肯定比我还要了解这边的情况，也知道那些收购站都靠这一行吃饭，要是我们砸了他们的饭碗，万一出了什么事，咱们也难免会有损失。不如这样，等我想到一个妥当的办法之后，我们再合作。如果我需要合作，一定找到贵方一家签约，额外的利益也都是贵公司的，您觉得怎么样？"

张松这么说表明了是在拒绝对方，可又没有伤害对方的面子，还暗示了双方将来还有合作的机会。不过，对方是个老于世故的人，他自然明白这是张松的推脱之辞，可同时也非常敬佩张松的为人。所以，他对张松说："张总真是明理之人，今天我们虽然没能达成共识，但是我能够借此机会与张总坦诚地交流，也不虚此行。希望将来我们有机会合作！"

这就是模糊表态的妙处。很多时候双方谈判，即使难以达成一致意见，也不至于反目成仇，因此，我们一定要学会给对方面子，不给以后的合作设置障碍。

其实无论是商业谈判，还是在其他情境下，都有许多人使用这种方法。这些人在面对自己力不能及或不愿意做的事时，往往会以“等……之后”“看看吧”这种词汇来应付对方。这种词汇实际上是在拒绝对方，可又让对方抱有一丝希望，还给对方留了面子。等将来实在没办法了，说话者可以再找一个理由推脱。事实上，这种话相当于什么也没说，但其中似乎又隐藏有什么信息。总之，一番话说得什么毛病也没有，全靠对方去领悟其中的深奥之处。这就是模糊表态的力量。

比如，如果有人托你帮忙找一份工作，你可以先答应他，并向他索要学历、工作经历等找工作所需的重要信息，几天之后再主动找他，以暂时没有招聘计划等借口为由拒绝他。对方遇到这种情况，一般不会再为难你。如果他愿意等，那你可以说：“好吧，如果有消息，我一定及时通知你。”你也可以说：“我要先跟领导商量一下，然后才能给你答复。”“这件事我会认真考虑的，过几天给你答复。”“好，我会注意的。”等等。这种答复既能暂时解除麻烦，又可以为日后的推脱留下充足的空间。

孙晨夫妻俩下岗后，物色了一个门面，筹资开了一家百货商店，两人起早摸黑把这个商店办得井井有条，收入颇丰，有了一定的积蓄。

这样的情形被孙晨的叔叔看在了眼里，他是个远近有名的赌棍，总是混吃混喝，有点钱就扔在赌桌上，没钱了就去找亲戚朋友借，但是从来不还。一次，他手气不好又输了。可他心有不甘，还想捞回本钱，就打定了主意，把眼睛瞄准了侄子的店铺。孙晨正在忙的时候，他的叔叔来到店里对他说："我最近也想做点生意，可是没有本钱，手头还缺五千块钱，想在你这借点周转，过段时间生意周转开了就还你。"

孙晨当然了解自己叔叔是什么样的人，因此打定主意不借钱。要知道，借给他钱，要不回来不说，还等于是帮他沉迷赌博，何况店里用钱也紧。直接拒绝吧，叔叔是长辈，不能不给面子。孙晨想了想，就笑着说："好！再过一段时间，等我有钱把银行到期的贷款付了，就给你，银行的钱可是拖不起的。"叔叔听到侄子这么说，知道要不出钱了，就讪讪而去。

孙晨不说不借，也不说马上就借，模模糊糊说过段时间再说。这样的回答是非常模糊的，叔叔即使心存不满，也没什么反驳的，而且，也算顾全了叔叔的面子。

总而言之，当你不接受别人的要求，却又不好直接拒绝的时候，一定要想办法组织好自己的语言，让对方无从反驳。模糊表态法无疑是一种不错的选择。只要运用得当，即便对方有所怀疑，也不好埋怨你什么，你也就可以不着痕迹地达到自己的目的。

委婉说服的法则

委婉表达观点能够降低失误。

毫无疑问，做人需要正直、坦荡。但是这并不意味着与人交流的时候说话生硬，毕竟，很多生硬的话是对别人的否定，容易给人心理造成压力，让人产生厌恶情绪。如果别人对你产生了厌恶心理，接下来的说服工作就会寸步难行。因此，我们在谈判的时候，要学会委婉地表达观点。

在日常交际中，总会有一些人们不好说或不好直说的话，这样的话说出来怕伤人，不说又不行。这就需要把话的“棱角”磨圆一些，使语意软化，便于听者接受。说话人可以故意说些与本意相关或相似的事物，来烘托本来要直说的意思。

比如员工想向领导提建议，希望得到领导的赏识，但如果不讲究技巧，不仅不会得到领导的采纳，甚至还会被领导冷落。有时领导并不一定不认同你的观点，可能只是因为你提建议的方式不对。毕竟领导居于上层的位置，如果你采用直截了当的方式向他提出意见，他很可能会觉得你不尊重他。另一方面，如果你能够采用一种灵活的方法，委婉地表达自己的观点，他会觉得轻松愉快，也能够很好地接受建议。其实，提意见本质上就是一种谈判，员工想让领导接受自己的意见，而领导好面子并不愿意别人直接揭露他的缺点，双方各自都有需求，有一方需要采取主动，另一方则需要让步。归根结底，这个让步与主动的过程需要沟通来完成，没有良好的沟通技巧，领导便不会让步。

商朝比干是大家公认的忠臣，他因为不满纣王无道，冒着灭族的危险，多次向纣王进谏。纣王虽然明白比干是忠臣，但是他被比干批评得颜面扫地，非常不高兴。

纣王曾问比干："你为什么这样坚持？"

比干说："君王有敢于劝谏的臣子，国家才不会灭亡；父亲有敢于劝谏的儿子，家族才不会衰败；我身为大臣，是进是退必须听从大义！"

纣王又问："那么你所说的大义是什么呢？"

比干答道："夏桀不行仁政，失了天下，现在大王你也像这个无道昏君一样，难道不怕失了天下？我今日进谏就是大义！"

纣王听到比干自比大义，却将自己比作是暴君夏桀，他非常生气，说："我听说圣人的心有七窍，不知道是不是真的，你不是自比圣人吗，让我看看你的心。"说罢，命人将比干的心挖了出来。

比干忠心耿耿，却被纣王挖心处死。究其原因，一方面是由于纣王昏庸残暴，另一方面就是由于比干的忠言太过逆耳了，直截了当地戳到了纣王的伤疤。纣王就好比焦躁的干柴，比干的话语虽是为了纣王好，但是火星四溅，点燃了纣王的怒火，局势也就一发不可收拾。

自古那些直言进谏，与领导针锋相对的人，受赏识的非常少，被冷落者甚至被迫害的多。这样的人总认为自己只要一心为他人就是好的，但是从来都不讲究方法，说出来的话由于过于直来直去而让人不好接受，这就相当于是抱薪救火，会彻底点燃别人的怒火。

推而广之，在其他事情上，如果我们不注重自己的表达方式，很多事情也不会尽如人意。试想一下，面对别人盛情为你准备的饭菜，而你又确实不想吃，是简单粗暴地说一句："我不想吃。"还是委婉地告诉对方："我刚刚吃过饭，实在没有胃口吃了，真是很遗憾。"哪一种说话方式更好，哪一种会引起对方的不快？答案不言自明。所以，面对日常生活中的沟通，我们要有一种基本的谈判意识，如果你想赢的话，就去选择合适的沟通方式。

委婉法是办事说话时的一种"缓冲"方法。委婉的话语能使本来也许是困难的交往，变得顺利起来，让听者在比较舒适的氛围中接受信息。因此，有人称"委婉"是办事语言中的"软化"艺术。例如巧用语气助词，把"你这样做不好"改成"你这样做不好吧"；也可灵活使用否定词，把"我认为你不对"改成"我不认为你是对的"；还可以用和缓的推托，把"我不同意"改成"目前，恐怕很难办到"。这些，都能起到"软化"效果。

直截了当的话语就是硬碰硬地冲击人们的内心，让人产生抵抗心理。所以，直来直去的人适合做朋友，因为他爽快，可是我们在日常的交往中过于爽快的人往往吃力不讨好，因为硬碰硬的道理是浅显的，过于爽快，说话竹筒倒豆自然全撞地板了。一般在实话冲击人颜面的时候，他会本能地产生抵制情绪，甚至会有反抗情绪。所以，迂回委婉地表达反对性意见，可避免直接的冲撞，减少摩擦，让人更容易接受。

沟通需要技巧，笨拙的沟通往往会造成谈判的失败。在谈判过程中，谈判高手往往会选择委婉地表达自己的观点，将重要的部分隐藏起来，以巧妙的方式让对方明白自己的真意，这样才能更好地达成谈判的效果。

第九章　一击即中，攻击对方软肋的谈判技巧

我不怕，和强势的人说话。

NINE

反向思维很重要

反向思维即“以子之矛，攻子之盾”。这种做法非常实用，用对方的逻辑来说服对方，更有说服力。

很多人在争论中处于下风的时候，会死缠烂打，用歪理为自己辩护。这时候，你用正常的逻辑很难说服他们，那该怎么办呢？一种非常有效的方法就是“以子之矛，攻子之盾”，用他们的强盗逻辑向他们提出疑问，让他们的理论体系不攻自破。

一般情况下，让一个无理取闹的人完全接受你的逻辑是很难的，他们会生造一套自己的理论为自己辩护。但是，如果你能巧妙利用他们自己的逻辑说服他们，他们的心理防线就会崩溃，最终乖乖投降。

美国有家服装公司，为了扩大生意范围，给海明威送去一条领带，并附上了一封信，信中说：“我公司生产的领带外形美观，质量可靠，深受顾客喜爱。现送上样品一条，请您试戴，并望寄回成本费 2 元。”

海明威对这种不讲理的行为非常鄙夷，但是他并没有直接写信斥责对方，而是给那家公司回了信。海明威的回信是这么写的：“领带已试用，效果很好。本人的小说也深受读者喜爱，现在内附小说一册，请试读。此书市场价 2 元 8 角，请返还我 8 角钱。”

1797 年，约翰·亚当斯竞选总统，共和党人为抨击约翰·亚当斯，指控他曾委派平尼克将军到英国去挑选四位美女做情妇，两位分给平尼克，另两位留给总统。一时，舆论哗然。

在竞选演说后，对手首先发难提及此事，约翰·亚当斯哈哈大笑道："我得郑重声明，假如这是真的，那样平尼克将军肯定是骗走本该属于我的那两个！他居然独吞了！"最后，他仍被选为美国总统。

利用对手的逻辑漏洞还击对方的谈判技巧，的确是一种改善或提高谈判效率的有效方法。"以子之矛，攻子之盾"是一种反向思维，因此它可以称为反问思维技巧，将自己的真实意图隐蔽起来，以将错就错的方式，来达到证明正确论点的目的。

一个贫穷的人赶了半天的路，中午时分坐在树下休息，拿出了他随身带着的干粮，准备吃完再赶路。在他旁边，有一个煎鱼的小贩，这个小贩觉得过路的人应该会买一些他的煎鱼吃，因为在他看来，干粮实在是难以下咽。可是，贫穷的行人非常节俭，舍不得买鱼。卖煎鱼的小贩一直没说话，等到行人吃完饭之后，他走上去伸出手说："给我五文钱。"

贫穷的行人愣住了："我为什么要给你钱？"

小贩说："这是煎鱼的钱啊！"

行人更加疑惑："我没有靠近你的摊子，更没有吃你的煎鱼，为什么要付煎鱼的钱？"

小贩听了之后，大声嚷道："你以为我不知道啊，你刚刚吃饭的时候，一直都是就着我这煎鱼的香味咽下的。要是没有我的煎鱼的香味，那些无味的干粮，你吃得下去吗？”

他俩争执的时候，周围聚集了很多人。大家都觉得小贩无理取闹，但是谁也不知道该怎么说服这个小贩。

这时候，一个年轻人走出来，对这个贫穷的行人说：“卖鱼的师傅说，你吃干粮的时候利用了他煎鱼的香味。在我看来，这是实话，因为风确实把煎鱼的香味带到了你的鼻子下面，因此你必须付钱。”

行人一下子就急了。不过，年轻人又说：“你的钱我帮你付。”只见他走到太阳光下面，拿出五文钱。阳光下，五文钱投下了清晰的影子，年轻人动了动手臂，让钱币的影子投到了小贩的钱盒子里。然后，他又把钱放到了自己口袋里，并大声说：“既然一盘煎鱼的价钱是五文钱，那么，一盘煎鱼的香味必然值得五文钱的影子。现在你们的账目已经算清了。”

话音一落，众人连连叫好，小贩顿时羞得无话可说。

香味和影子都是虚的，既然小贩赋予了香味价值，年轻人也就赋予了影子同样的价值，这就是以其人之道还治其人之身。与此类似，现实中有人提出超出你能力范围的请求时，你就可以采用类似的方式来回应。当他置身于同样的情境之中时，就能体会到你的感受，并意识到他的问题给你带来的困扰，从而打消继续求你的念头。这种做法虽然没有明确表明拒绝对方的意思，却让对方听出了弦外之音，既避免了让对方难堪，又消除了对方在被拒绝之后所产生的不快。

一个商人从一家饮料生产厂批发了一万件饮料，在抽样检查中发现有两件饮料质量不合格，便找到饮料厂，要求他们提高质量。

饮料生产厂的谈判代表了解了事情的原委之后，就一直推诿，说一万件饮料中出现几件不合格产品是正常的。

商人听了之后，不慌不忙地讲了一个故事："美国有一家工厂专门为空降部队生产降落伞，但是经过抽样检查，产品的不合格率为万分之一，这意味着每一万名士兵中将有一人因为降落伞质量不合格而丢掉性命。军方了解到这一情况之后，无法容忍，决定让那家工厂的老板用亲自试用的方式检测降落伞。据说，从此以后，那家工厂生产的降落伞的不合格率就变成了零。我想，如果让贵公司领导饮用一万件饮料中不合格的饮料的话，贵公司的产品质量一定也会有很大提升。"

饮料厂的谈判代表无言以对，也知道对方态度明确但同时又不失礼数，只好承诺提高产品质量。

商人并没有义正词严地指责谈判代表，而是用类比的方式让商人心领神会，这样既表明了自己的态度，也不会伤害商人的面子，一举两得。

"以子之矛，攻子之盾"的做法非常实用，因为它是用对方的逻辑来说服对方，特别具有说服力。在生活和工作中，我们遇到各种各样的难缠的对手的时候，一定要考虑一下，能不能用这种策略让对方明白他的要求不切实际，从而令对方退却。

抓住对方的逆反心理

越是得不到的东西，人们越想得到；越是不能接触的东西，人们越想接触；越是不让知道的事情，人们越想知道。

逆反心理是一种普遍的心理现象，通俗一点说，就是“对着干”的心理。这其实是人们心理上的需要，是自我的表达。如果一味听从别人，人们就很难感觉到自己的存在，以及自己的独立。而对别人的否定，让他们有了一种“我与你平等”的自我存在感。采取与别人不同的态度和行为，能够引起别人对自己的关注和平等对待。这可以说是逆反心理的一个原因。

我们在与别人谈判的时候，可以利用这种普遍的逆反心理，达到我们的目的。

有位老人在一个乡下小村庄里安享晚年，那里有山有水，空气清新，而且十分安静，老人住得很舒心。不过最近一段时间，十几个孩子打破了这里的宁静。他们经常到老人房子附近的空地上玩耍，互相追逐打闹，这严重影响了老人的正常休息。

老人曾多次制止，但是顽皮的孩子们仍然不听话地经常跑来。终于，老人想到了一个好办法。

有一天，孩子们正玩得起劲，老人把他们一起叫了过来。他从口袋里掏出了一些零钱，跟孩子们说，谁大声喊叫，这些钱就分给谁，而且，谁叫的声音越大，谁分到的钱越多。孩子们听到之后，高兴极了，都纷纷努力地大叫起来。孩子们大声叫喊之后，老人也如他所答应的那样，给了孩子们不同数额的零用钱。

在接下来的半个多月里，情况一直这样持续。孩子们大声吵闹，老人就给他们零用钱作为奖励。他们似乎都已经习惯了这样。后来某一天，老人突然把零用钱减少了。而且在以后的几天里，越来越少。尽管孩子们对此很有怨言，但是，毕竟还能得到奖励，所以孩子们仍然坚持喊着，只是热情大不如从前了。终于有一天，在孩子们大叫之后，老人一分钱都没有给他们。不管孩子们怎么吵闹，怎么争取，老人都不再给他们任何奖励了。

面对这样的结果，孩子们很失望，很生气，他们都觉得这太不公平了，心里都在想："没有任何的奖励，我们凭什么还继续叫？"从此之后，他们再也不到老人那里大喊大叫了。甚至有时候，他们从老人那里经过，也都安安静静的，再也不像以前一样。

这个小故事中，这位老人就利用了孩子们的逆反心理。他正面提出不满，要求孩子们保持安静，叛逆的孩子们完全不听。于是，老人从反面入手，等到孩子们对吵闹的报酬习以为常的时候，老人不再给钱了。这时候，由于逆反心理的作用，孩子们再也不愿意吵闹了，老人达到了自己的目的。

越是得不到的东西，越想得到；越是不能接触的东西，越想接触；

越是不让知道的事情，越想知道。人类的好奇心和征服欲促使人们形成了逆反心理。

路边有一家小饭馆，门前摆了一个大酒桶，上面的几个大字很显眼，是“不许偷看！”很多过路的人因为这几个大字，好奇心大起，他们往往会停下来，特意走过去一探究竟。

其实里面除了一张纸条外什么都没有。纸条上写了一行字：“店内有清醇芳香的生啤酒供应，一杯五元，欢迎享用。”本来并没有想要喝酒的人，看到有酒，而且价钱合理，自己又已经停下来，不如干脆喝一杯。这家小饭馆也因此生意红火。

这个例子就是利用人们的好奇心以及由好奇心所产生的逆反心理而进行的营销。所以，现在有一些电影，人们的评价越不好，票房反而会越来越高，或者，有些电影明明是已经明令禁止，列入禁片了，可人们就会越想看，想办法弄到。这都是因好奇心而激起的逆反心理的表现。

逆反心理是较为普遍的，在尚未成熟的孩子身上表现得比较明显，在大人身上也都存在。下面的这个故事也很有意思。

一位已婚男士很喜欢打牌，常常玩到深夜才回家，这让妻子很生气。他对一个朋友说：“你根本无法想象，我晚上回家的时候会有多害怕，多小心翼翼。为了不把她吵醒，我总是在很远的地方就把车熄火，然后靠着车子行驶的惯性把车子慢慢弄到车库里。我开门的时候也极为小心，总是不敢弄出一点声音。然而，每次我脱了鞋子，轻手轻脚地回到卧室，想要悄悄躺到床上的时候，我的妻子就会突然醒过来，然后就是一阵狂风暴雨般的爆发。真是糟糕透了。”

男士的朋友听他这样讲着，窃笑起来。男士的朋友得意地说：“我跟你恰好相反，我每次回家的时候，都故意弄出很大声音。”

听到朋友这样说，男士惊讶极了，完全不敢相信，追问他的朋友是怎么回事。

朋友回答道：“我每次开车回家，还没到家门口时就大声地按喇叭，进门的时候也会故意重重地关门，发出很大声音。不仅如此，进门后，我还把客厅和卧室里的灯都打开，拖着步子走到床边，低头给我妻子一个深深的吻，然后对她说一句‘嘿！艾丽丝，吻我一下好吗？’”

男士不可置信地接着问道：“那她是如何反应呢？”

朋友哈哈大笑，说：“每次她都假装睡着了，毫无反应。”

想一想，这种情况太正常不过了，你越不想让妻子醒过来，妻子就会越要醒过来，而且要让你知道，她已经醒了，听到了你。而当你表现出不在乎，并要求妻子醒过来对自己表示欢迎的时候，妻子即使醒着，也会假装睡着，故意不理你。这就是典型的逆反心理。

懂得了人的逆反心理，在谈判中就可以注意运用。如果想要说服别人去做某件事情，不能用生硬的方式要求，这样被要求者即使在开始的时候并不排斥，也会因为逆反心理而故意不去做。同样，如果不想让别人去做某件事，那最好不要直接粗暴地禁止。说话时尽量要温和婉转一些。当然，如果运用得好，也可以通过说反话的方式，达到某种目的。

有区别的对待

在这个世界上，出色的人都是具有敏锐思想的变革者。

说话要有礼貌真诚那是必然的，但有的时候礼貌而真诚的话不一定被接受，一板一眼地说服，对方并不容易被打动。因此，有的时候，适当地刺激一下对方也是一种不错的方法。俗话说“请将不如激将”，正是抓住了人们好胜、不服输的心理，加上巧语妙言，激发对方的情绪，达到我们的目的。利用人们的这种心理和情绪来说服他人的方法就是激将法。

唐朝末年，叛臣朱全忠包围了驻守太原的晋王李克用。朱全忠手下的大将王彦章不仅勇猛盖世，而且智谋过人。李克用面对如此强悍的敌人，连忙召众将士商议对策。这时，晋王手下的猛将李存孝已经被人诬陷至死，其余众将全都哑然相对，没有人敢主动请缨。李克用见状，失声痛哭，后悔自己不该因为听信谗言而处死李存孝。

李克用的养子李嗣源连忙走上前，说：“父亲何不请高思继出山拒敌？”高思继原本是朱全忠的部下，作战勇猛，后来被李存孝活捉。李克用爱惜高思继的才华，打算留他在帐前听命，可是高思继却执意要回山东老家隐居，李克用只好放他走了。如今李嗣源再次提起高思继，李克用不禁破涕为笑，于是命令李嗣源去请高思继出山。

李嗣源直奔山东，找到了高思继。高继思见故人来访，连忙设宴款待。酒过三巡，李嗣源说明了来意。

高思继听了，面无表情地说："自从勇南公李存孝饶了我的性命之后，已经几年过去了，我早已把战事置之身外。"

李嗣源听了，心想："自古便有'文官言之，武将激之'的说法，今日我不妨也试一试。"于是，李嗣源当机立断，编出了一通谎话："将军天下闻名，令人称羡不已。我与王彦章交战时，被他赶下阵来。我对王彦章说：'你今天赶走我，并没有什么稀奇的。你要是好汉，就暂时休兵，让我去请山东的'白马银枪'高思继来与你对敌。'王彦章见我在阵前夸耀将军，愤然大叫：'好，我们就此停战，待你去请他来，他不来也就罢了，如果他敢来，看我不把他剁成肉泥！'"

高思继听了这番话，不禁怒火中烧，把手里的酒杯摔得粉碎，吩咐家丁："快备马，待我去生擒此贼！"于是披挂上马，跟着李嗣源离开了。

两军再次交战，高思继与王彦章连斗了三百回合也不分胜负，一直斗到天黑。双方见天色已晚，这才鸣金收兵。这一次双方虽然打了个平手，却使唐军信心大增。

李家对猛将高思继虽然有再生之恩，无奈高思继已经看破红尘，决心弃武从耕，享受田园生活。所以，当李嗣源借着酒兴正面动员他出山为李家效力时，他才以"与世无争"相拒。可是，当李嗣源用谎话激他时，他却毅然披挂上马，重返战场。由此可见，激将法的确是游说的一个重要手段。激将法往往剑走偏锋，让对方的感情变得冲动起来，从而去做一件他平时不会做的事。纵观历史，和激将法有关的故事数不胜数。

三国征战中，曹操的实力雄厚，刘备处于劣势，败下阵来，被逼到了樊口。刘备想要反击的话，只能联合占据着江东的孙权。

那时，20 多岁的孙权正值年轻气盛，不可一世，自尊心还很强。来找他商讨大计，说服他与刘备联合的是诸葛亮。他对孙权说："现在，天下大乱，您占据着江东，刘备则在江南进行战斗，目的都是为了与曹操争天下。依现在看来，曹操的势力正盛，无人可挡。刘备与之交战，已经多次失败，您要好好想想怎么做啊！如果您的军力能够与曹军抗衡，那么就赶快行动，如果您的军力没有那么强大，还不如赶快解除武装，直接投降。可在我看来，您好像表面上看来是想投靠曹军，但是心里还是很犹豫不定的。"

听了诸葛亮的话，孙权愣住了，马上又反问道："既然这样，刘备为什么不投降归顺曹操呢？"

诸葛亮接着回答："刘备是汉王朝的后人，具有英雄气概，虽然现在情况很艰难，但仍然有从各个地方慕名而来的壮士英雄投奔他。抵抗曹军是天赐的使命，怎么能随便投降呢？"

孙权听了有些激动，大声反问道："我带领着十万大军，而且肩负着父兄的大业，怎么能够轻易投降呢？"

见到孙权的态度有所转变，诸葛亮又给他分析了一下各方面临的形势与优劣，终于使孙权安下心来。

倘若诸葛亮直接去求孙权，孙权可能会觉得诸葛亮是有求于他，他联刘抗曹的决心也许就不会太坚定。诸葛亮了解他的性格特点，知道他自尊心强，利用这一点，暗示孙权，如果孙权投降于曹操就是军力不强的缘故，而且，他投降也不是英雄行为。孙权听了之后，为了维护自己的面子，也会坚定不投降的信念的。这样，诸葛亮也就更容易与他商谈如何联合的计划。

大部分人都爱面子，所以当别人说出一些话贬低他们的能力或者胆量的时候，人们会不自觉地做出维护自己的自尊心和面子的行动，哪怕这种行动与自己的本来想法相违背。例如，一个男生不积极主动参加学校活动，你想要说服他参加学校的演讲比赛，想到男生都有强烈的自尊心，不想被别人说自己胆小，不勇敢，你就可以故意说："你一定是不敢去，不敢在很多人面前说话。"这样，相信那个男生为了证明自己不是不敢，就会报名参加了。

不过，激将法虽然很实用，但是需要一定的技巧。使用激将法求人之前，我们还应当先"知将"，这样才能成功地"激将"。具体来说，我们要先看清楚对象、氛围等条件，不能滥用激将法。不同的对象有不同的性格，要求我们区别对待他们。比如傲气十足的人往往比较看重面子，喜欢自吹自擂，面对这种人，你不妨从正面恭维他，勾起他的虚荣心。在当着其他人面的时候，这种方法尤其好用。

分化策略

遇到事情，不用求人，自己掌控，善用智慧跳脱困境。

很多时候，谈判不是在两个人之间进行的，而是在两个团队之间进行，或者说个人与团队之间进行。如果我们的谈判对手是一个团队，我们就会遇到更大的挑战。因为一个团队中有多个人，考虑更加周密，说话的时候也更有底气。正所谓“双拳难敌四手”，因此，相对于一个人而言，一个团队更加难搞。

不过，团队也有明显的弱点。要知道，人与人之间不可能完全心意相通，对方团队成员之间意见不一定完全一致。这时候，我们可以采取分化策略，扩大对方成员之间意见的分歧，让对方从内部瓦解。等到对方自乱阵脚之后，我们再果断出击，事情就好办了。

某电器销售公司与供应商之间的合作遇到了难题。供应商要求提高价格，可是销售公司无法满足，这时候，销售公司派出了一名代表与供应商进行和谈。

销售公司派出的代表是李佳，她是公司的副总经理。供应商则派出了三个人参与商谈，分别是两名副厂长和一名生产部门主管。

一开始，李佳说：“我们最新的合作细节相信你们已经看过了，我们已经让步很多了，希望你们看到我们的诚意，也希望你们做出一定的让步。”

这时候，对方一位副厂长说：“你们那点小小的调整怎么能叫让步呢？李总太夸张了。如果只有这样微不足道的调整，我们是无法接受和贵公司合作的。”

李佳看到这位副厂长态度坚决，就决定问问另外两位的意见，她说：“那么，您两位什么意见？”

另一位副厂长笑笑说：“我也觉得你们的让步太小，我们的合作很难马上达成，当然了，仓促解约对双方都不好，我觉得慢慢研究比较好！”

这时候，对方的主管开口了：“李总，您那边还有什么合作方案吗？我觉得我们应该再研究一下。”

第一位副厂长说：“我觉得我们没有办法降低价格，没有什么商谈的余地。”

对方的主管说：“我们需要进一步商谈，我觉得需要和李总明确一下，只是反对，也谈不出什么结果。”

听到这里，李佳明白，对方三个人的意见并不是完全一致。于是，她在接下来的商谈中，绕开了第一位副厂长，尽量和另外两位商谈新的方案。经过一番商谈，双方最终确定了继续合作的细则。

李佳的办法很好，既然看到了对方团队中的分歧，就要学会利用，扩大对方的不一致，将谈判的重点放在易于说服的对象上，至于对方的内部分歧，交由他们自己解决就好。

不仅是商业谈判，我们在日常工作和生活中也会遇到对方组团与我们交涉的情况。这时候，不要惊慌，对方毕竟不完全是同一个意思，只要抓住对方不一致的地方，就能够分化对方，一一击破。

有一年，某高校接连发生了许多问题，于是教授们联名向校长递交了书面报告，并严肃地说："这是所有人的意见，请您批示。"

校长环视了众教授一眼，不慌不忙地说："既然是全体人员的意见，那我自然会重视。为了慎重起见，我想单独与各位交流一下，交换一下各自的看法。"校长说完，指着林教授说："好，从林教授开始，其他人先回避一下。"

校长开始与教授们单独交谈。在谈话期间，校长提出了许多尖锐的问题，教授们的回答不尽相同，并不像当初那样众口一词。

谈话结束以后，校长把教授们召集在一起，分别点名复述了他们的意见，然后冷静地说："原来你们的意见还存在很大差异，有的人的意见和另一些人的意见甚至是矛盾的，所以我不能答应你们的要求，请你们再好好商量一下，之后再来找我。"

校长就这样驳回了这份报告。如果校长没有与教授们单独交流，就无法了解事情的真相，只能屈服于"整体意见"。"整体意见"虽然表面上代表了所有人，但事实上并不一定如此。很多人正是钻了这一空子，将"整体意见"当成攻击他人的强大武器，并认为这个武器是坚不可摧的，却没想到会被一一击破。

很多人并没有谈判交涉的勇气，只能够借助团队的力量，觉得几个人组成一个团体，气势就有了。事实上，这只是表面上的强大，如果内部存在分歧的话，团队是很容易被击垮的。其关键点就在于抓住对方不同分子之间的意见分歧，最好找出相互矛盾的意见，一一提出，分化他们，最终对方就会陷入内战，不攻自破。

第十章　一开口，世界就安静地聆听

强势沟通，是一种高级语言模式。

TEN

愉快的氛围

想要给某人一个愉悦的惊喜，就高兴的抖起来；讲故事，大声的读书……

——弗朗索瓦丝·埃里捷

生活和工作中，很多人都表现得太严肃，说话的时候一板一眼，非常认真。这样的说话风格有好处，能够显得庄重，引起对方的重视。但是，过于刻板有时候不利于交谈。比如在工作交流或者商务谈判的时候，谈判双方都将话题局限于工作的话，会显得非常枯燥，谈判也就容易陷入僵局。这种情况下，我们如果能够适当幽默，为交谈营造愉快轻松的气氛，对方很可能会喜欢和我们进一步交流，进而接受我们的要求。

里根就任美国总统之后，对加拿大进行访问。一天，他在某地举行演说。当时有人趁着这个机会进行反美示威，不停高呼反美口号。由于噪音巨大，里根总统的演讲不得不中断。

当时陪同里根的是加拿大总理皮埃尔·特鲁多，看到这样的情况，皮埃尔非常难堪，他觉得这么多的示威人群让他颜面无存，还担心得罪这位美国总统。

然而，里根总统面对这样的场面，并没有急躁，他满面笑容地说：

“这种事情在美国很常见，不过我想不到来了加拿大之后还能见到。我想，之所以发生这样的事情，一定是我的反对者们特地从美国赶过来的吧！他们想要给我一种回家的感觉。”

听到里根的话，皮埃尔顿时笑了，他怎么也想不到里根总统会用这样令人愉快的方式消除眼前的尴尬气氛。

经过这场风波，加拿大政界以及民众对里根刮目相看，里根的访问也比之前顺利了很多。

很多人遇到这种难堪的局面，都会觉得很尴尬，这样对自己对事情的发展都没有任何好处。不妨学学里根总统，运用诙谐幽默的语言和表情，轻轻松松化解尴尬，赢得别人的尊重。

幽默的话语是谈判的润滑剂，能够帮助我们博得对手的好感和信任。很多人在谈判的时候会存在焦躁不安的心理，这种心理会让人对外界产生戒备，不利于谈判进行。因此，我们有时候需要通过幽默的语言，消除对方的不安，建立双方的融洽互信的关系。

英国前首相丘吉尔喜欢洗澡，每当完成了手头的工作，他就会洗澡，然后好好休息。他一直保持这个习惯，即使出访别国的时候也不例外。

二战期间，为了寻求与美国的合作，丘吉尔来到华盛顿与美国当时的总统罗斯福会面。美国官方热情接待了丘吉尔，并安排他住进白宫。

一天上午，丘吉尔完成了手头工作之后，照常去洗了个澡。然后，他忽然想到了一些问题，就在卧室踱步思考问题，由于他非常投入，以至于忘记了自己没有穿衣服。

过了一会儿，有人敲丘吉尔的卧室门，丘吉尔顺口说："进来吧。"

结果，门开之后，美国总统罗斯福瞠目结舌地站在门口，他想不到丘吉尔居然一丝不挂。一瞬间的尴尬之后，罗斯福马上后退，准备关上门给丘吉尔穿衣服的时间。

这时候，丘吉尔大笑着张开双臂说："请进，总统先生！"他丝毫没有惊慌失措，"你看到了吧！英国首相是如此坦荡，对贵国没有任何的隐瞒。"听到这话，罗斯福也哈哈大笑。

丘吉尔的这次谈判非常成功，美国非常坚定地站在了法西斯的对立面，为英国提供了很多的物资帮助。

当然了，我们并不能说丘吉尔的幽默起了决定性作用，但是他的戏谑而真诚的话语给谈判开了个好头，既然可以在轻松愉快的氛围下谈判，为什么要正襟危坐、严肃刻板呢？

古今中外，善用幽默调节气氛，化解言语冲突的人有很多。明代郭子章著有一本《谐语》，记载了很多幽默故事，其中有一则是关于苏东坡的：

苏东坡在朝为官的时候，有朋友想求他为自己谋取一官半职。苏东坡委婉地拒绝了他，这位朋友又暗示，是不是可以去请苏东坡的弟弟帮忙。这时候，苏东坡给朋友讲了一个笑话：

“从前有个盗墓者，他来到一片墓地掘墓。当他掘开第一个墓的时候，发现一个一丝不挂的尸体，这人是王阳孙，他主张人裸体下葬；盗墓贼不甘心，又掘开第二个墓，里面躺着一位皇帝，但是仍旧没有什么值钱的东西，因为这位皇帝是提倡节俭下葬的汉文帝；盗墓贼再接再厉，又掘开了第三个墓，躺在里面的是饿死在首阳山的伯夷，自然也没有什么钱财；然后，盗墓人准备掘第四个墓。正当盗墓贼埋头掘墓的时候，伯夷发话了：‘别费心了，我弟弟叔齐也无门路！’”

这个故事讲完之后，苏东坡的朋友知趣地走了，他已经知道了苏东坡的答案。

苏东坡不想直接回绝自己的朋友，于是借用幽默的方法，既博大家一笑，又表明了自己的意思。日常工作生活中，我们和朋友、同事、领导的交谈，很多时候都类似于一种谈判，想要营造轻松的气氛，在和谐中解决问题，就一定要学会一些幽默的策略。

幽默的语言能够缓解紧张形势，营造友好的交谈气氛，拉近谈话双方的距离，是一种非常适用的谈判策略。美国著名的谈判大师科恩曾说过：“整个世界就像是一个巨大的谈判桌，我们生活的时时处处都会存在谈判，而我们也会经常成为谈判的参与者。”因此，我们要时刻准备着，学会借用幽默去赢得谈判的成功。

提问可以得到更多

生活是一场没有把握的仗。你若开了口，就要字字有力。

谈判的时候，我们的目的是让对方接受我们的条件。要想让对方接受，就要打动对方的心，而只有明白对方心里在想什么，明白对方的需求，我们才能够见招拆招，做出应对。

那么，怎样了解对方的心理和需求呢？除了察言观色之外，一种非常有效的方式就是恰当提问，投石问路。想知道什么，就恰当地提出与之相对应的问题，主动了解对方。就像是在市场上讨价还价的时候，我们常常会看到买方不断询问："最低能卖多少？"很多时候，卖方并不直接回答，而是反问："你愿意出多少钱呢？"有时候双方都不愿意直接回答对方，而是一直用这样的问题试探对方的口气。即使卖方回答了数目，买方也会再次询问："能不能再低点？"

这简单的事情上面，就显示了谈判中提问的作用。买方如果说出了自己愿意出的最高价，卖方觉得可以接受，就会半推半就，卖出去了；卖方说出了自己能够接受的最低价之后，买方就知道了，卖方能接受的一定比这个价格更低，砍价的时候心里就有底了。

所以，我们在谈判的时候，不要仓促提出自己的方案和心理底线，而是要学会提问，一边谈一边问，不断获取对方的信息，信息足了之后，说出的话才更有针对性。

某个商场中，一位中年妇女站在电扇专柜前面，浏览各式电扇。一位售货员看到之后，快步走了过来。售货员说："大姐，这几天天气变热了，您是想买电扇的吧？"

妇女回答："是啊，只是我不是很了解。"

售货员问："您是想要放在哪呢？"

妇女说："有区别吗？"

售货员说："是这样的，台式的适合卧室，因为卧室比较小，落地的比较费电；如果放在客厅，最好是落地的，这样显得更漂亮，效果也好。"

妇女回答说："想放在客厅呢，那就落地的吧！"

售货员接着问："您是想要什么价位的呢？有什么特别需要吗？您说了之后我一一为您介绍。"

就这样，一会儿之后，售货员就卖出了一台电风扇。买电扇的大姐还说："你们这边的服务真好，我前几天去对面的店里，他们有几个促销人，也不问问我想要什么样的，一直给我介绍搞活动的那两台电扇，我根本就不想要那个样式的。"

了解客户需求，才能够更有针对性地向客户介绍产品，才更能打动客户的心。推而广之，谈判的时候，只有了解对方的需求，才能够有的放矢，更好地获得对方的认可。

确实，在谈判中，信息太重要了。谁掌握了更多的信息，谁就能够占据心理优势，在谈判中就有了心理依托。

爱迪生曾任职于某公司，从事电气技师一职。其间，他的一项发明获得了专利。为了购买爱迪生的这项专利，另一个公司派代表前往爱迪生所在的公司进行商谈。

当这个代表让爱迪生先报个价时，爱迪生说："我的发明对贵公司究竟有多大的价值呢？"

犹豫再三后，这个代表说："40 万美元，你看怎么样呢？"

爱迪生沉默了一会儿，询问："只能这么多吗？"这个代表考虑了考虑，表示可以再加，最终出了 50 万美元。爱迪生当即与这个代表签订了专利转让协议。

事后，爱迪生对朋友说："我原本打算以 500 美元将一项专利转让给一个公司。哪晓得那个公司的代表竟然报价 50 万美元。"

爱迪生并没有抢着报价，而是巧妙地提问，由此以超出计划数目许多倍的价钱做成了一桩买卖。如果他在提问前就说出了自己的心理价位，对方一定不会愿意再将这个庞大的数字说出来。由此可见，在谈判中，会提问的一方，总是能够占据一定的主动。

心理学大师罗宾曾经说过："优秀的谈判者和拙劣的谈判者最重要的区别是什么呢？简单来说，就是优秀的谈判者善于提出好问题，并从中得到好的答案。"那么，怎样提出恰当的问题呢？

首先，提出的问题要具体。如果你笼统地提出问题，对方回答的时候比较困难，也就可能会绕开这个问题，或者也采用概括的方式作答。比如本文的第一个事例中，如果售货员不是问"您想要放在哪？"

或者“您想要什么价位的？”而是问：“您想要什么样的风扇？”这就有点笼统，顾客回答的时候不知道回答哪一方面好。因此，我们提问的时候最好将比较大的问题分开，变成比较具体的问题。比如“您觉得我们的产品怎么样？”这个问题可以分为三个“您觉得我们的产品质量怎么样？”“您觉得我们产品这样的价位可以接受吗？”“您觉得我们的产品设计美观吗？”

其次，提出的问题是为了谈判服务的，想要了解对方的什么，就要询问什么方面的问题，不能漫无边际地谈。只有了解到了你需要了解的内容，谈判的时候才能有的放矢。

总之，我们在谈判的时候，不仅要会提条件，还要会提问题。要学会通过提问题的方式，了解更多的信息，根据这些信息制订出有效的谈判方案，打动对方的心，让自己占据主动的地位。

讨价还价的小常识

灵活报价帮你获得优势。

讨价还价是谈判的核心。既然是讨价还价，那就必须面对一个问题，即怎样报价才能占据心理优势?

首先，我们要明白谈判方的心理。既然是商谈合作，双方都是以“取得利益”为最终目标的。也就是说，对方如果是买家，想要达到的是“最低价格”；如果是卖家，想要达到的是“最高价格”。在这个原则之上，还有很多其他因素需要考虑。比如谈判的成本，谈判形象的建立，是不是有利于交易达成，等等。

我们在谈判的时候，要综合考虑种种因素，灵活地使用各种不同的报价方法，拿捏掌控对方的心理，争取获得最大利益。

比较实用的报价策略有以下几种：

第一，低价策略。

对于卖方而言，低价策略是指主动将商品价格定在一个比较低廉固定的位置，以此来获得客户的认可。低价带来的效果是薄利多销，卖家主动给出较低价格，会给买家留下坦白实在、物美价廉的印象。

另外，这样的出价策略也非常简洁节约。其言外之意是“这是最低价，不买就走”。这样的话，买家会在非常短的时间内做出选择。如果最后买卖达成，谈判的效率就非常高；即使没有达成，谈判成本也比较低。

对于买方而言，低价策略是指根据自己对于商品的认识，报出一个非常低的价位。如果对方确实不愿意接受，可以再根据对方的态度一步步加价。这样的做法可以尽可能避免上当。当然了，这样做的弊端就是报价太低，有时候会使对方觉得你没有诚意，终止与你的合作。因此，采用这个策略的时候，一定要进行一些调查，不能给出荒诞的价格。

第二，高价策略。

对于卖方而言，高价策略是指报出一个非常高的价位，这个价位一般比自己愿意达到的价位更高。如果对方愿意接受，卖方就可以获得更高的利润，如果对方不愿意接受，可以再慢慢减价。总之，如果卖方报出的价格非常高，商品可能会以较高的价格出售；如果卖方报出的价格比较低，卖出的价格绝不会更高。不过这样的报价也可能会吓走买方，认为卖家是漫天要价，不利于谈判形象的建立。

对于买方而言，出高价也是一种聪明的策略，其目的是在调查研究之后，给出一个看似较高的价格，促使买卖较快地达成，以防卖家在获取某些信息之后，将价格提到一个更高的位置。例如在拍卖会中，某买家看中了一件拍卖品，志在必得。当拍卖开始，众人还在一个较低的价位慢慢加价的时候，这位买家突然报出三倍的价格。当大家都在惊讶的时候，他已经将商品买到了。不过，对于买家而言，这种出价策略只是用于出奇制胜，并不常用。

第三，假价策略。

有时候，买家可以故意先出假价，以较高的价格获得卖家的青睐，等双方协议快要达成的时候，突然降低价格，对方不愿意浪费之前投入的成本，无奈之下只好接受较低的价格。

某人想要卖掉自己的货车，他在报纸上刊登了出售的广告。几天之后，几名买家按照预定的时间分别与他洽谈。车主的心理价位是35000元，但是，几个买家都只愿意出32000到34000元不等，他都不乐意接受。

不过，最后一名买家出价35000元，并预付了100元定金。之后，车主撤下了广告，将货车从外地开回家中，等着买家上门。

谁知道，一周之后，买家过来告诉他说自己的合作伙伴不同意，不愿意出钱，自己只有33000元，实在是出不到35000，问他是否能够降价。车主非常生气，他已经拒绝了其他买主，现在发生这种事情，实在是麻烦事。但是，他实在不愿意再次刊登广告，再次与别人协商，这太占用时间了，只好恨恨地答应了买家的价格，并表示押金自己就不退还了，货车算是33100元。

第四，最后出价策略

最后出价的意思很明确，那就是“要么接受我的价格，要么谈判破裂”。这种出价方式给人的感觉是没有回旋余地了，如果想要买卖进行下去，只能选择接受。当然了，这么说的时候，口气不要过于强硬，一定要说明自己的困难，实在是没有办法了，以此取得对方的谅解。

比如我们在大街上看到买卖双方讨价还价的时候，有的买家即使非常喜欢某件商品，也会扭头走开，走了几步之后，卖家表示愿意接受买家的出价。有时候低价卖出，总比卖不出去好一点。又比如说有的买家会特意将自己的口袋翻个底朝天，表示自己确实没有更多的钱了，以此促成交易。

总之，为了获得最大的利益，尽可能达到自己最想要的价格，我们就要学会灵活报价。根据具体情况，弄清楚自己报出来的价格能够对对方造成什么样的心理影响，知道报什么样的价位才能让对方信服。选择恰当的报价策略，达到自己的目的。

丑话推销术

丑话说在前，调整对方的心理预期。

人们对于每件事，在心理上都会有一个预期。如果结果比心理预期好的话，那么人们就会很知足，比较欣慰。相反，当结果不如心理预期，人们就会很失望。鲁迅先生说过：“如果有人提议在房子墙壁上开个窗口，势必会遭到众人的反对，窗口肯定开不成。可是如果提议把房顶扒掉，众人则会相应退让，同意开个窗口。”

之所以会发生这种情况，是因为人们的心理预期发生了变化。原本好好的房子，人们不愿意开一个窗口，这是从开窗口和不开窗口中间做选择，人们选择后者。但是，如果随后提出把屋顶掀掉，人们的选择余地发生了变化，需要从开窗口和掀屋顶中间选择，人们当然愿意选择前者。

这种现象要是应用到谈判中，我们又该如何认识它呢？简单说来就是利用人们喜欢权衡、比较的心理，在提出一个不容易被接受的建议前，先提出一个令人更加难以接受的建议，从而让对方愉快地接受最初的那个建议。

有一家公司，每个月都给员工500元住房补助。后来公司需要建设新址，加上资金周转有困难。公司领导就商量着，把职工的住房补助减少一些。可是，他们想到要是直接对员工说，他们要减少员工的住房补助，员工们肯定不高兴。于是他们经过一番思考，想出了一个好办法。

一次职工大会上，经理对大家说："咱们公司投资建设新厂，每个月都要偿还贷款，资金情况紧张。考虑到这些，我们决定每个月把大家的住房补助减少到200元，但是考虑到大家工作努力，很多职工租房困难，所以我们决定从几个领导的职位津贴以及办公室费用中抽取一些，给大家把住房补贴加到300元。"

职工们听到200元的时候，心里非常别扭；可是听到300元的时候，觉得公司确实有困难，领导们做了表率，没有什么可指责的。就这样，他们乐意地接受了公司的决议。

如果领导只说了降低住房补助到300元每月，想要职工们接受有一定的难度，但是经过200元每月的心理调节，职工们的心理预期发生了变化，他们已经做好了200元住房补助的准备，最终只需要接受300元每月的结果就行了，相对比较容易接受。

这种把丑话说在前面，让人们心理预期发生改变，进而容易接受建议的谈判策略非常常见，也非常有效。

法国巴黎时装节就要开幕了，来自世界各国的很多人都乘坐飞机抵达巴黎。一路上，人们互相谈论着，气氛很融洽。此时，飞机已经到达了巴黎上空，眼看旅程就要结束，很快就会到时装节现场，人们都兴奋不已。于是，大家开始收拾行李、补妆等等，为下飞机做准备。

可是就在这时，飞机上响起了乘务人员的报告声：“各位乘客请注意，飞机已抵达巴黎，由于机场拥挤，暂时无法降落。预计一小时后，飞机才能着陆。请大家耐心等待。给各位带来不便，敬请谅解。”

飞机上的乘客一听到要延迟降落的消息，刚刚的兴奋感马上消失了，都纷纷抱怨起来。不过，在这样的情况下，人们除了等待，没有任何办法。所以人们都做好了要在空中滞留一小时的思想准备。

然而，几分钟之后，飞机上又传来了好消息。乘务人员宣布：“机场方面正在积极做出调整，预计半个小时后，飞机便可降落。”这个好消息，让刚刚已经很失望和烦躁的乘客松了一口气。

没过多一会，当所有人都欣然接受等待半小时的时候，飞机上的广播又响起来：“各位乘客，由于机场已经及时做出调整，本机在十分钟之后就可以安全着陆了。”听到这个消息，大家都开心极了。虽然飞机最终没能按时到达，然而，相比较最初的一小时，以及后来的半小时而言，人们对于晚十分钟感到很庆幸和欣慰。

飞机晚点本是一件让人很失望的事情。但是由于乘务员最开始说要晚一小时，那么在机上乘客们的心里就形成了一种一小时后下飞机的心理预期。后来，乘务员公布飞机晚点半小时，也就是可以提前半小时下飞机，这与乘客心中本来的晚点一小时的心理预期相比，是朝着更好的方向变化的，所以人们会觉得开心。同样的道理，乘务员说飞机降落的时间相比半小时又提前的时候，在人们心里产生了同样的效果，在这之前，人们已经做好了等一小时、半小时的准备，现在被告知，只需要等十分钟就可以，自然会感觉像是捡了便宜一样。

对于不好的结果，人们都很失望，这个失望程度我们可以用失望值来表示。如果把最坏的结果先说出来，人们会很不开心，失望值很高。后来，当比较好的结果出现的时候，在乘客心里，这个失望值是逐渐降低的，所以人们在接受最终结果的时候，非常开心。即便面对不是很满意的结果，由于人们心中的失望值减小了，所以人们最后感到的是欣慰和知足。

可见，了解心理预期对人们产生怎样的影响是十分必要的。它可以帮助我们在某种程度上影响别人的情绪，改善某些不利状况所造成的影响。我们在谈判的时候，要学会运用这种方法，先交代比较坏的情况，等到对方心理预期发生变化之后，再给出比较乐观一点的解决办法，对方接受起来就容易多了。

沟通的心灵需要沉默

对我来说，保持真诚只有一种方式，这就是沉默。

——波伏娃

沉默并不是表示自己没有立场、没有意见，有时候，沉默是一种表达意思的方法，是一种心理策略。当我们沉默不言的时候，别人难以判断我们的真实意思，摸不透我们的内心，也就难以针对我们的心理进行有效的进攻。

这种情况下，对方如果因为无法把握你而不得不多说，我们就能从对方那里获得更多的信息，加深对对方的了解，甚至使对方被迫暴露自己的底牌。美籍华人作家刘墉曾写过一个故事，说明了沉默在谈判中的威力。

故事大概是这样的：老王想在上海某小区买一套房子，他之前去过，所以对那个小区比较熟悉。老王的老伴曾经去售楼处砍过价。老王觉得价格还可以更低一些，就决定亲自出马。去看房那天，老王恰好刚拔完牙，嘴里塞着棉花，不方便说话。于是，发生了下面一系列对话：

售楼小姐帮老王打开车门时问：“先生是第一次来我们社区？”老王没说话，只伸出两根手指。“哦！第二次了。”小姐把眼睛睁得好大，“上一次是？”老王没搭腔，对她笑了笑。

进入电梯间，小姐掰着纤细的手指说：“我们还剩下三个保留户，160平方米、270平方米和310平方米，您要？”老王伸出三根手指。小姐又把眼睛睁得好大，按了十二楼的钮，再转过身，歪着头盯着老王，笑嘻嘻地说：“先生看来好有威仪，您一定是个大老板、董事长吧！”

老王点点头。

小姐扑哧笑了出来，拍了一下自己的脑袋：“我真笨，还没问您贵姓呢。”

老王伸左手，用右手在上面画了三横一竖。

“哦！王董事长。失敬！失敬！”

小姐带着老王，一间一间参观。

“这原来是样品屋，也是全区视野最好的一户，本来不想卖的。”小姐扭扭脖子，噘噘嘴，“可是，可是您知道最近建筑业不景气，我们只好割爱了。”看老王没说话，又加一句，“而且是减价割爱。”老王还是没吭声，小姐又跟上来说：“您不是来过吗？那您一定知道我们以前的价钱喽！”

老王点点头。

就这样，参观完之后，售楼小姐带着老王去见销售经理，而老王仍旧不出声。

“我们销售中心就快撤销了，人员已撤走了大半，现在只有最后三户，也是最好的三户。”陈经理说。

小姐端来咖啡，老王没碰，下午拔牙，嘴里还咬着一块棉花。他翻了翻彩色的大楼简介，又指指表。小姐赶紧对陈经理说：“王董对我们小区已经很熟了。”

老王点点头，指了指价目表，摇了摇手指，掏出笔写了几个字：“给我一个价钱。”

没二十分钟，老王已经回到家。

“怎么样？”老婆兴冲冲地开门，“你是不是看了十二楼那一户？比老孙还棒的那一户？他们开价多少？”

看看时间，能说话了。老王掏出嘴里的棉花问老婆：“他们要你多少？”

“当然比你便宜，我上次是跟孙太太去的，由陈经理亲自接待。”老婆拿出一张纸，“四十五万，比孙太太当初买，足足便宜三万。你多少？”一把抢去老王手里的价目表，看一眼，叫了起来，

“什么？四十三万？”

老王之所以能够将价格压到最低，很重要的一个原因就是他没说话，售楼员摸不清他的底细，不知道他对自己的楼盘了解多少。看到老王那么淡定，售楼员不断降价，最终给老王做出了最大的让步。

确实，很多时候对手之所以能够在谈判中压制我们，很重要的一个原因就是我们讲的太多，给对方留下了把柄。很多人容易犯这样的毛病，那就是自己口若悬河，把自己想说的都一股脑说完。事实上这是很让人反感的。所以我们要时刻记得，说得多不代表说得好。有时

候，少说反而效果更好。

美国一家汽车公司由于生产需要，准备采购一批汽车坐垫材料。这家汽车公司是美国非常著名的大公司，因此很多材料供应商都参与了竞标，大家都很重视这次机会。

通过层层筛选，有三家有名的厂家通过了汽车公司的质量检验。他们接到通知，让每个厂家派出代表，做最后一次综合分析，这是最后一次竞争。每个厂家都派出了公司有能力的代表。

其中有一个供应商派出的代表非常不幸，因为来汽车公司做总结的前一天，他刚好突发咽喉炎，嗓子哑得厉害，根本无法正常说话。临时换人已经来不及，他只能硬着头皮进去了。被带进办公室后，里面坐满了汽车公司的重要人员，纺织工程师、采购经理以及公司总经理，他站在前面，想要说话，可是怎么用力，声音还是无法出来。

眼看没有办法，他只能找来一个本子，在上面写道："很抱歉，诸位，我突发咽喉炎，嗓子无法说话，请各位见谅。""我替你说吧！"在这位代表很惭愧地将这句话示意给大家看时，汽车公司总经理突然开口这样说。那位总经理帮这位代表展示带来的样品，又通过之前对他们产品的了解，而对这些产品进行了客观描述，并称赞了这家公司产品的优点。

汽车公司经理亲自解说，这令大家非常意外，之后，在座人员对这家公司的产品进行了热烈讨论。在他们的讨论中，也是那位汽车公司的总经理在替这位供应商代表回答其他人的各种提问。整个过程中，这位代表只做了几个简单的手势，或者微笑着点头、摇头。

然而，结果很让人出乎意外，最后正是这位不说话的代表拿到了那笔价值160万美元的订单。

虽然我们不能说那位代表是因为没有说话而获得了这个合同，但是，一个很重要的原因就是他给大家留下了深刻的印象。汽车公司的总经理通过讲解，自己也深入了解了供应公司的材料优点，他将自己的注意力放在了供应公司的产品上，自然也就产生喜爱之情。

当然了，上述两个故事中，主人公的沉默都不是有意识的，虽然也收到了很好的效果，但是他们并没有注意到沉默可以作为一种谈判策略。我们在与人谈判协商的时候，可以有意识地利用沉默的策略。一般情况下，我们在遇到下面两种情况的时候，可以使用沉默来帮助表达。

第一，当你对对方不满的时候，可以通过沉默来进行表达。对方的目的是让你表示同意，如果你沉默不语，不表态，对方就会自己审视自己的意见，查找你不满意的原因。当对方主动找出原因的时候，已经处于劣势了。

第二，当你想要强调某一点的时候，也可以先沉默，等引起大家注意之后，再进行说明，感染力就会大大增强。

在恰当的时候，沉默不语反而比滔滔不绝更有感染力。我们在难以组织语言的时候，不妨试用一下沉默的方法，用这种出乎意料的心理策略取得谈判的优势。

太阳与北风的寓言

天下最柔弱的是水，而水却能够攻克最坚强的东西。

——老子

中国道家经典《道德经》第七十八章有言：天下莫柔弱于水，而攻坚强者莫之能胜，以其无以易之，弱之胜强，柔之胜刚，天下莫不知，莫能行。这句话说的是，天下最柔弱的是水，而水却能够攻克最坚强的东西，弱可以胜强，柔可以克刚。

与人相处，我们常常会遇到难题，想要得到别人的认可，想要说服他人，或者得到他人的帮助，是用直接而尖锐的方式，生硬地使对方屈服呢？还是用一种含蓄而温柔的方式，让他人自愿听我们的话呢？大部分人都知道，后者更容易达到目的，而且让彼此更加舒服。

《伊索寓言》中记载了一则名为《太阳与北风》的故事，是这样的：

太阳和北风都觉得自己力量强大，他们都不甘心输给对方，所以一直争论不休。

这时，一个人走在路上，正巧被北风看到了："瞧那个人，他穿着一个厚重的大衣，我可以很快就能使他把那件大衣脱了。我敢打赌，你肯定做不到。"为了证明自己的强大力量，刚说完，北风就使出最大力气朝着路人吹起风来，他想，如此大风，一定能把那件大衣吹掉。

谁知，大风袭来，路人感到更加寒冷了，于是赶紧把身上的大衣裹得更紧。

北风吹了好大一会儿，也没有成功，于是放弃了。太阳微微一笑，什么都没说，只是将自己的光直直地照在了路人身上，不一会儿，路人就热出了汗，自己把身上的大衣脱了下来。

这则寓言故事内容很简单，但是寓意却很深刻。北风和太阳的目的都是让路人把大衣脱下来，然而它们因为做事的方式不同，而产生了截然相反的结果。北风是用了一种粗鲁的方式，想要直接把路人的大衣吹掉，结果越吹路人裹得越紧，最后适得其反。而太阳则是用了一种温柔的方式，它用自己的光热沐浴着路人，最后不费一点力气，路人自己心甘情愿把大衣脱了。

很久以前，在阿拉伯地区，有一个叫列伊的国家。它是一个小国，一直受到邻国苏丹的威胁。然而，由于列伊的国王十分勇猛，也很有智谋，将国家治理得很好，所以苏丹一直没敢挑起战争。

十几年后，智勇双全的国王因病去世了。当时的王子还很小，由王后代为执政。苏丹听说了这件事，认为这是进攻的好机会，开始预谋要攻打列伊。

列伊人得知了这件事，他们又害怕又气愤，但是没有人愿意成为亡国奴，所以准备坚决反抗。列伊王后深知自己国家的实力与苏丹相差悬殊，她决定亲自去与苏丹国王讲和。

列伊王后到了苏丹，在苏丹的宴会上，她表现得相当镇定。一边倒酒一边用极为自然的语气说：“尊敬的国王陛下，不瞒您说，您要进攻我们列伊国，我们有些害怕。因为贵国的实力是众所周知的。在我丈夫还在世的时候，我就担心您有一天会攻打我们。然而，当我丈夫死了，我倒放心了很多。因为，如此英明睿智的陛下，是不会去攻打一个由寡妇执政的小国的。当然，如果您执意要来，我们列伊国一定会拼尽全力抵抗，绝不会临阵脱逃。不过，战争总会分出胜负。如果列伊国胜利了，我会感到很光荣，因为区区一个女子却能带领一个国家打败强大的苏丹国。但是，倘若贵国胜利了，在所有人看来，就不算什么了。甚至会认为贵国胜之不武。因为即使胜利了，也不过就是打败了一个女人罢了。”

苏丹国王听了列伊国王后的话，觉得很有道理。他再三思量，决定不做这样一件费力不讨好的事情。

以柔克刚，婉转迂回的方式，看似很愚笨，没有力量，其实是一种“大智若愚”，是一种极为有效的方式。“大智若愚”中，“若”是一个很值得思考的字。虽然看似愚笨，却隐藏和蕴含着大智慧。当两者敌对的时候，“若”就是让自己一方的真相隐藏起来，让对方看不透自己，这样自己才能把握住主动。

孙阳在一家机械制造公司任职，他进入公司后不久就升任为业务经理。因为他有着很强的业务能力，与别人谈判常常都能达到预期目标。

有一次，他们公司与另外一家公司合作，想要以较低的价格购买对方公司的产品。孙阳被派到对方公司进行谈判。

谈判那天，孙阳只带了一位同事去。对方想要抓住这次机会，好好宣传自己的产品，并以一个较高的价格销售出去，所以他们进行了很多准备。他们挑选了自己公司的谈判高手，也非常用心地制作了很多幻灯片，准备要大讲一番。

在会议室里，当双方都坐下来后，对方的公司就打开了幻灯片放映机，由一个西装革履的人精神满满地讲了近一个小时。从自己产品的设计理念、制作过程到与同类产品相比的优势等方面，介绍得相当详细。

说完之后，对方公司的人把会议室的灯打开，信心满满地问孙阳他们有什么意见。他们原以为，自己讲得这样好，一定没什么问题，很可能就直接签约了。可谁知，孙阳露出了一脸尴尬的神情，说道：“实在不好意思，我们听得不太明白。”说完，自己的同事也配合地点了点头。对方主管听孙阳这样说，一下子就愣住了。他克制着自己：“你们哪里不明白呢？”

“你们讲得太专业了，我们有很多地方都没听懂。但是又不好意思打断你们。”

无奈，对方公司又派另一个人再次讲了一遍。这一次，虽然中间孙阳他们也时不时地点头，但是，最后仍然还有些茫然。

对方实在没有办法了，两个多小时，他们已经非常累了。“既然还有些不懂，不如你们说说你们的意见吧。”孙阳看机会来了，就态度坚定地讲出了自己公司的意见。虽然他说的东西，对方也似懂非懂，但是，对方已经没有力气再跟他们坚持了，所以就稀里糊涂地答应了他们的要求。

就像故事中的孙阳一样，我们在谈判中，或者想要说服别人的时候，不要与别人针锋相对，直截了当在某些时候并不是好的办法。在清楚和坚持自己的原则和底线的基础上，适当“装糊涂”，耗费对方的精力和耐心，等到对方气势减弱，再亮出自己，就能一举压倒对方。所以，有些时候，人要学会转弯，采用迂回路线，以柔克刚，这样更能轻松说服他人。

自信不需要根据

适度“自抬身价”。

人们与其他人合作的目的一般都是想要获利。因此，你能否说服别人听从你的意见，关键在于你能否让对方相信，你能够帮他们获取利益。怎样使他们相信呢？一个重要的方法就是让他们知道你的能力。很多时候，能力多高，人的身价就有多高。所以，并不是说你的条件比较低，对方就比较容易接受，有时候，你抬高身价，效果会更好。

实际上，在与人交往的时候，谁不想被高看一眼？但如果对方并不了解你，即便你有满腹的才华，对方也不会对你刮目相看。这时候就需要你有点“心计”，学会“自抬身价”，积极创造自己被“利用”的价值，让对方另眼相看。就如同买股票，大家都抢着买绩优股。交朋友也一样。要想让自己成为最受欢迎的人，就要让自己成为潜力无限的“绩优股”。当然人和股票的价值表现形式又有所不同，股票本身不会明码标价，考验的是购买者的眼力和运气。而人也可以适当自抬身价，为自己造势，让别人看到你的价值，进而被你的才华所吸引。

《战国策·魏策》中，有这样一个故事：战国时期的周躁访问齐国，并期望在那里做官。可是他自己的名声不够，怕得不到齐王赏识，于是他对在齐国做官的朋友宫他说：“我想作为齐国的特使访问魏国，如果齐王能给我支持，我会出使魏国，并试着让魏国与齐国亲近。”

宫他听了周躁的话，沉思了一会儿对他说：“不可，无论是齐王还是魏王，都喜欢有才能的人，你这样说等于贬低了自己，承认自己在魏国不吃香，这样的人，齐王又怎会重用呢？”

周躁听了之后，暗暗着急，问：“这样不行，那你说怎样才行呢？”

宫他想了想，给他出主意说：“你首先装作自己是魏王前面的红人，到了齐王面前后，自信满满地问齐王对魏国有什么期望，然后告诉他你可以倾魏国之力满足齐王要求。这样说齐王必定以为你在魏国是个很有影响力的人，自然会厚待你。然后你再去魏国，对魏王说自己能够倾自己全力，满足大王对齐国的要求。这样魏王也必定不会小觑你，反而会重用你。你看，这样做你既可以打动齐王，又能打动魏王。”周躁依宫他之计而行，果然受到了重用。

周躁全靠假魏之名抬高了自己的身价，以此作为资本，打动了齐王。这就是自抬身价的妙处，一个小小的使者自然不会受到齐王或者魏王的重视，但是他却将自己的地位进行提升，在提升之后，手里的筹码就多了，形势也就发生了逆转，事情自然就好办了。俗话说：“王婆卖瓜，自卖自夸。”如果王婆只是谦虚地说自己的瓜不太好，那谁会买呢？抬高你的身价，别人就会在心里对你另眼相看，甚至暗暗佩服你，也就更愿意听从你。

东方朔就是一个善于表现自己的人，他深知，自己即使很有才，如果不善于表现，也会碌碌无闻，得不到重用。于是，东方朔就采取了高调露才的手段。刚入长安，他就高调向汉武帝上书，洋洋洒洒写了很多建议，用了三千片木牍，公车令派两个人去抬才勉强能抬起来。汉武帝励精图治，对于臣下的建言都非常重视，他用了两个月才把它读完。东方朔在奏章中一点也不忌讳地说了自己一大堆优点，称自己是个不可多得的人才。皇帝看完他的奏章，心动不已，但此时汉武帝还不愿意立刻重用东方朔，怀疑他是在夸夸其谈，虚有其表。

但是，东方朔没有放弃，他决定用另一招来表现自己，那就是表现出自己的与众不同。当时，与东方朔并列为郎的侍臣中，有不少是侏儒，东方朔就吓唬他们说皇帝嫌弃他们，要杀死他们。侏儒们害怕了，禀告了皇帝，皇帝召来东方朔愤怒地问他，为何造此谣言？

东方朔见机会来了，就说："那些侏儒不过三尺，俸禄是一口袋米，二百四十个铜钱，我东方朔身长九尺有余，俸禄和他们一样。结果，侏儒饱得要死，我却饿得要死。陛下如果觉得我有用，请在待遇上有所差别；如果觉得我不可用，可罢免我，那我也用不着在长安城要饭吃了。"皇帝听了大笑，决定马上提高他的待遇。

东方朔之所以能够在众多朝臣中脱颖而出，受到皇帝的重视，不仅仅是因为他的才能，还由于他敢于表现自己的卓尔不凡的才华，敢于抬高自己的身价。敢于伸手要更多的俸禄，说明我有比别人更多的才华，这正是东方朔的逻辑。

现代社会是商品社会，我们自己也是一种"商品"，各有各的价值。

很多人懂得适度地自抬身价，增强自己的光芒，让别人重视自己。

有这样一个流传很广的幽默故事：

有一对穷父子相依为命。一天，父亲对儿子说“孩子，你现在年龄不小了，该成家立业了。我给你找个老婆吧。”

儿子说：“我不要。”

父亲又说：“如果我给你找的是比尔·盖茨的女儿呢？”

儿子听了说：“那行吧。”

几天后，这位父亲想办法找到了比尔·盖茨说：“尊敬的比尔·盖茨先生，我想给您介绍一位年轻人做您的女婿。”

比尔·盖茨说：“很多人都想做我的女婿呢？我女儿现在不需要别人介绍。”

父亲说：“可如果这个人是世界银行的副总裁呢？”

比尔·盖茨想了想说：“如果真的是，那考虑一下吧。”

又过了一段时间，这位父亲又去找世界银行总裁说：“尊敬的总裁先生，我给您推荐一位年轻人做银行的副总裁吧。”

总裁说：“我们这里人才济济，副总裁人选很多，不需要推荐。”

父亲说：“可如果这个人是比尔·盖茨的女婿呢？”

总裁听了后考虑了一番，同意了这位父亲的要求。

于是这位年轻人既顺利地做了比尔·盖茨的女婿，也当上了世界银行副总裁。

故事虽然是虚构的，但很能说明问题。一个卓尔不凡、身价高于别人的人，自然很容易受到别人的重视。因此，我们要学会“自抬身价”，为自己做一个定位，使自己与别人有所区分。

很多人愿意付出足额的代价来和自己认为值得的人合作，看到低价的东西，就认为必然不好，通常情况下，他们更愿意相信价格昂贵的商品，认为“一分价钱一分货”“物有所值”。而对那些便宜商品的价值却心存疑虑，认为“便宜没好货”。所以，当我们有底气的时候，需要把自己的身价抬高，赢得别人的认可。

说话也可以吊足胃口

设置悬念可刺激对方好奇心。

每个人都有好奇心，在谈话的时候，如果对方说出了令人感兴趣的事物，听者就有听下去的欲望。与人谈判的时候，我们可以利用这样的心理，先引出对方感兴趣的事物，却不说明白。等到对方的好奇心被勾出来之后，再慢慢讲述，让对方跟着我们的思维节奏走，一步步陷入我们的“圈套”。

这种勾引对方好奇心的方法，最重要的一点就是设置悬念，根据对方的兴趣点，说出对方感兴趣的事情，将对方的情绪吸引过来。我国古代大哲学家庄子就是一个善于辩论的人，他正是依靠这种设置悬念的办法，说服了赵文王。

赵文王喜好剑术，当时他门下剑士有三千多人。赵文王不理政事，每天带着这群剑士相互击剑，一年死伤一百多人。如此三年之后，赵国国势衰败。各诸侯看到赵文王沉迷剑术，荒废政事，就觉得是进攻赵国的机会，大家都蠢蠢欲动。

这种情况让太子悝非常担忧，他和自己的门客们商量对策，门客们向他推荐了庄子。太子派人带着千金去请庄子，庄子拒绝了千金，但是答应帮忙说服赵文王。他听说赵文王只接见剑士，就告诉太子自己也善于用剑。

三天之后，庄子打扮成剑士的模样和太子一起去见文王。文王听说有剑士过来，就拔出剑来等待。

庄子不急不缓地走近文王，文王问他："你的剑术怎样呢？怎样击败对手？"

庄子回答说："我的剑术，十步杀一人，千里无阻挡。"

文王一听，很合自己的胃口，他非常高兴地说："那算是天下无敌了。"

之后，文王让其他的剑士较量了七天，死伤六十多人，从中选出优胜的五六人与庄子比剑。

比剑之前，文王问庄子选用什么样的剑。

庄子说："我有三种剑，任大王选用。请先说然后再比剑。"

文王一听，很感兴趣，说："这三种剑都是什么剑，愿闻其详。"

庄子说："天子剑，诸侯剑，庶人剑。"

文王第一次听说这三种剑，更加好奇了。庄子分别向文王解释了这三种剑。他极言天子剑的威力，称其上可以割裂浮云，下能够斩断大地。可以匡正诸侯，使天下归心。至于诸侯剑则略逊，可以安抚境内百姓，威震四方。说到庶人剑的时候，庄子描述了那些头发蓬乱，相互争斗流血的剑士，并指出庶人剑和斗鸡没有不同，对国事无益。

听到这里，文王明白了庄子的意思，也反省了自己的所作所为，感到深深的惭愧。于是，他隆重招待了庄子，再也不去接见剑士，剑士们都在他们的住处自杀了。

庄子提出三种剑的时候，勾起了赵文王的好奇心，因此他很愿意详细地听庄子解释，到这里庄子的劝说就已经成功了一半了。等到明白了三种剑的威力，赵文王自然会放弃最渺小的庶人剑了。这种带有悬念的谈判策略非常普遍，古今中外都不乏这样的例子。

美国有一位非常成功的推销家叫克林顿·比洛普。他最初并不出名，只是在康涅狄格州西哈福市的商会工作，是一个推销员，他的客户则是该市大小企业的领导。

一次，他敲开了一个小布店老板的大门，企图说服这个布店老板加入商会。由于布店老板刚刚移民过来，所以他的店铺并没有在商业区内较好的位置，而是位于分隔东哈福市和西哈福市的街道之外的位置。

一开始，布店老板并不愿意接受他的建议，缓缓走到柜台后面坐下说："年轻人，我们商店的情况你也看到了，在这样一个边缘地带，没有人会在乎我的。西哈福市商会根本不知道会有我们这样一家店。"

比洛普看到这种情况，解释道："不会的，先生。我们商会在乎每一个企业人士，而且，您显然是其中非常重要的一位。""让我怎么相信你？你能证明吗？如果你能证明西哈福市商会真的在乎我，我就加入你们。"布店老板说道。比洛普胸有成竹地回答："当然，我很乐意为您这样做。那我们下次什么时候见面呢？"

"你能证明的时候，可以随时来找我。"布店老板毫不犹豫地说。事实上布店老板知道，这个年轻人根本无法证明这件事，所以，他只是想借此将比洛普打发走。

比洛普听到这个回答之后，紧接着问道：“那您一个小时之后有空吗？”布店老板听到这话惊呆了，他没想到对方会约定这么早的时间。不过，他非常希望知道一个小时之后，这个推销员能用什么办法证明，所以就答应了。

比洛普离开布店之后，迅速到文具店买了一个店里最大型号的牛皮纸袋，然后回商会取了一些东西，用牛皮纸袋装起来，就又回了布店。

布店老板仍旧在柜台后面坐着，比洛普随手将那个大纸袋放在柜台上，然后就又重复起上一次的那些话来。布店老板听着，眼睛时不时地望向那个纸袋。过了一会儿，布店老板终于忍不住了，他好奇地问：“年轻人，你说的这些我都知道了，我想，我们不用再这样浪费时间。你可以直接向我证明，那个纸袋里装了什么？”

比洛普看到布店老板对这个纸袋产生了好奇心，相信自己的办法已经奏效，他不再卖关子，直接将纸袋里面的东西拿了出来。那是一块金属牌。他解释道：“这是商会在很早之前就已经制作好的牌子，商会打算将它们挂在每一个重要的十字路口，这样，西哈福市商业区的范围就能清楚地标示出来。”说完，比洛普拿着金属牌走到布店的窗口，透过窗户，指着外面的十字路口说道：“这块牌子将挂在这个路口，来这里购物的人走到店门口就会知道他们到了西哈福市内，他们也就很确定您的店是在西哈福区内。”

听到这里，布店老板显得非常开心，他笑了笑，拿出支票簿，在上面写上了商会会员的入会费，然后向比洛普伸出了手。

当你说的某件事引起了对方的好奇心，他就会对这件事产生或大或小的兴趣，就想要听下去，看下去，这样的话，他们就有了接受这件事的可能。故事中的布店老板最开始对于加入商会是没有兴趣的，然而，比洛普跟他说一个小时后来给他“证明”的时候，布店老板很惊讶，有了一些好奇。等到发现了比洛普的证明，明白了加入商会的好处，同意加入也就成了水到渠成的事。

悬念是一种诱惑，当你在谈判中制造出悬念的时候，很容易吸引对方的注意力，他们会迫切想要知道接下来的事情。等到你条理清晰地揭晓悬念的时候，对方很可能会被打动，这样的话，你的目的也就更容易达到了。

如何利用认知的惰性

给出选择，可以引导对方主动听从我们。

在日常生活中，我们经常会遇到二选一的情况。若是你想让对方选择你所期待的那个选项，那么选项的设置便至关重要。举一个最常见的例子，饭桌上，你想让客人喝酒，那你可以问“喝不喝酒”，也可以问“喝白酒还是啤酒”。可以看出，第二种问法中是没有不喝酒这个选项的，因此被提问者首先接收到的信息就是：要喝酒，只是喝什么酒的问题。这种提问方式一开始就将被提问者的思维固定在了一个范围内，被提问者如果不经思考很难跳出这个范围。就像一个人被问到喝什么酒时，如果没有很强的不喝酒的决心，很难做出不喝酒的选择。这种现象就是心理学上所说的“沉锚效应”，也称作是选择效应。

“沉锚效应”指的是人们在进行决策时，往往容易受第一印象或第一信息的影响。即便第一印象或第一信息并不能反映出事物的全部，它带给大脑的刺激也是最强烈、最深刻的，而人的思维活动在多数情况下都正是依据这些深刻的信息进行的。第一印象或第一信息会像沉入海底的锚一样，把人的思维固定在某处。人们一旦接受了第一信息或形成第一印象，就会受到它的限制，进而产生认知上的惰性。你抛出的第一信息不同，得到的结果自然也不同。

在一条街道上，有两家相邻的卖粥小店。由于两家粥店食物的味道都不错，服务态度也都很好，所以两家粥店每天都是人来人往的。从表面上看，根本看不出哪家赚得更多，可是每到晚上结算时，右边店总是比左边店少赚。为什么会这样呢？

原来，每当有客人来时，右边粥店的服务员都会问："加鸡蛋吗？"客人们有的说加，有的说不加，总体来说，加与不加各占一半。而左边粥店的服务员却是这么问的："加一个鸡蛋还是两个鸡蛋？"客人们有说加两个的，也有说加一个的。当然了，也有人说不加鸡蛋，不过这种情况很少。鸡蛋并不是白送的，一天下来，左边粥店就比右边粥店多卖出许多鸡蛋。

左边粥店抛出的第一信息是"加一个鸡蛋还是两个鸡蛋"，让顾客二选一，顾客一般都会选择加鸡蛋，只是所加的个数不同而已。而右边粥店抛出的第一信息却是"加鸡蛋吗？"这是一个封闭的问题，顾客只能选择加与不加，即便顾客选择加鸡蛋，一般情况下也只会加一个。这么一来，右边粥店卖出的鸡蛋数自然会少很多了。

既然"沉锚效应"对人的心理影响如此巨大，那么在谈判的时候你当然也有必要好好利用它了。首先要做的自然是分析对方的心理。所以，等气氛融洽时，你可以先给下属抛出一个更坏的选择，再提出你期望他去做的选择，这样他就不会立刻产生对抗情绪，反而会自然地把注意力集中在权衡二者的利弊上，然后主动选择后者。

孙阳是一家日用品经营公司的老板。最近，公司在一个比较偏远的小城设立了一家分公司，孙阳决定把周志强下调到分公司担任区域经理。周志强现任总公司的总经理，由于他工作能力不足，所以孙阳才决定将他降职。

怎么跟周志强说这件事呢？如果直接对他说：“我决定把你调到B分公司去。”必然会让周志强产生被放逐的感觉。孙阳想了又想，最终决定在餐桌上跟周志强讲这件事，于是他找了一个合适的借口，请周志强在一家餐厅吃饭。

在餐桌上，孙阳先与周志强简单地聊了聊市场现状，然后不着痕迹地说：“由于公司业务的拓展，我打算派你到A分公司或B分公司去坐镇。我想了又想，只有你是最合适的人选，因为你工作经验丰富，又熟悉市场行情，一定可以开拓出一个新局面。你有没有什么想法？”

周志强脸色非常难看，什么也没说。他怎么也没有想到老板请他吃饭的真正目的竟然是向他传达下调到分公司的事，而且是下调到A分公司或B分公司。分公司怎么能跟总公司比?！不过，看到老板那个架势，周志强也只能接受下调这个事实了。他暗自对比了一下这两个分公司。A分公司虽然在大城市，而且规模巨大，可是离他家很远，经营管理不善，积弊很深，近年来业绩逐渐下滑，简直就是一个烂摊子，谁碰谁倒霉。B分公司虽然位于偏远小城，可是刚成立不久，管理起来也比较轻松，而且距离总公司和他家都比较近，他要回家也比较方便。考虑到这些，周志强最终决定去B分公司做区域经理。

孙阳如愿以偿，连忙招呼周志强继续喝酒，饭桌上的气氛又变得和缓起来。

上述事例中的孙阳就巧妙地利用“沉锚效应”顺利地达到了目的，它也表明了“沉锚效应”具有强大的作用。下属之所以不愿意下调，无非是因为他认为下调不好。事实上，任何事物都不存在绝对意义上的好与坏。好与坏都是相对的，关键在于你怎么定位基点。

“沉锚效应”的关键在于给出选择，通过选择掌控人心。当你给出选择的时候，别人的第一反应就是从中进行选择，忘了自己还可以不做选择，当对方选择其中之一后，你也就达到了目的。当然了，知道选择效应之后，我们在与别人谈判的时候，应该清楚自己的立场，不要被别人扰乱，不要受到选择效应的影响。

机智灵活地应对不同的情境

能够成功一次的事情，就能够成功多次。

要想成为谈判高手，机智灵活是一项必不可少的素质。机智灵活的人可以十分巧妙地帮自己或者别人圆场，也可以轻而易举地化解各种各样的矛盾，给对手留下深刻的印象，因而更容易得到别人的认可。

在社交场上能够如鱼得水、收放自如的，通常是那些比较机灵的人。他们懂得说话的艺术，总是能运用最合适、最有效的言语来表达自己的意见，是天生的社交人才。以春秋时期齐国著名的外交家晏子为例。晏子之所以能得到齐国国君的赏识，官拜上大夫，跟他的机智灵活有着密不可分的关系。

有一回，晏子奉命出使楚国。楚王知道他身材矮小，特意叫人在城门旁边开了一个像狗洞一样的小门，请他通行。晏子在见到小门的刹那，便明白了楚王的意思，马上随机应变道："只有出使狗国的人，才会从狗洞中钻进去。今日贵国叫我钻狗洞，莫非是自认本国是狗国不成？"楚人非常尴尬，即刻改口，请他从城门入城。

晏子进城后，来到王宫拜见楚王。楚王一见他，便傲慢地说："齐国难道没有人了吗？居然派你这样的人做使臣？"

晏子立即机智地回应道："齐国都城临淄人口众多，百姓们张开衣袖便足以遮天蔽日，挥洒汗水便足以落一场大雨，大家肩挨着肩，脚并着脚，怎么能说齐国没有人了呢？只不过，齐王派遣使臣有个规矩：由贤明君主统治的国家，就由贤能的使臣出使；由昏庸君主统治的国家，就由平庸的使臣出使。像我这么平庸的人，就只能被派来出使楚国了。”

楚王无言以对，只能尴尬地请晏子入席饮酒。

酒过三巡，忽有两名士兵押着一名犯人从大殿前经过。楚王叫他们过来，指着那名犯人问：“他是什么人？犯了什么罪？”

士兵答道：“此人是齐人，犯了盗窃罪。”

楚王马上笑着问晏子：“你们齐人难道生来就喜欢偷东西吗？居然偷到楚国来了！”

晏子不慌不忙地说：“我听说橘子长在淮河以南就是橘子，长在淮河以北就变成了枳，两种水果的味道有着天渊之别，这是因为淮河南北的水土差异很大所致。此人是齐人，在齐国时没有偷东西，如今来到楚国却开始偷东西了，莫非是楚国的水土让百姓变成了盗贼？”

楚王无话可说，只能让士兵押着犯人下去了。

像晏子这样机智的名人在中国历史上还有很多，刘备就是其中之一。不少看过《三国》的人，都觉得刘备才能平庸，甚至称得上懦弱，根本不值得诸葛亮、关羽、张飞、赵子龙等人为他舍生忘死。实际上，刘备是个非常有才能的君主，并且非常机智，善于变通。他曾利用自己的机智，骗过了疑心极重的曹操。

刘备在遇到诸葛亮之前，与关羽和张飞一同来到许昌，跟当时在位的汉献帝攀上了关系，汉献帝称之为刘皇叔。虽然当时刘备的势力非常薄弱，但曹操还是对他生了戒心，一心想要铲除他。为了打消曹操的疑虑，刘备每天不问政事，只待在自己的住所中种菜。可即便如此，曹操依然无法放下心来。

有一天，曹操趁着关羽和张飞外出时，派人叫刘备过去。刘备来到曹操府上，发现曹操正在后园的小亭中煮酒，美酒旁边还摆了一盘青梅。两人坐下来，一边饮酒，一边吃青梅。

饮酒的间隙，曹操忽然问刘备："你知道龙有什么变化吗？"

刘备说不知道。

曹操说："龙变化万端，人也是一样。不如我们就把龙比作英雄，你觉得当世哪些英雄能称得上人中龙？"

刘备知道曹操是在试探自己，就说："淮南袁术兵强马壮，应该能当此殊荣。"他知道曹操根本看不起袁术，自己说袁术是人中龙，曹操必会觉得自己见识浅薄。

果然，只听曹操不屑一顾地说："此人还不配做我的对手。"

刘备又列举出了几个不入曹操眼的所谓"英雄"，都被曹操一一否决了。刘备于是反问曹操："不知在丞相眼中，当世有哪些英雄能称得上人中龙呢？"

曹操伸手指着刘备，说："当世只有你我二人而已！"

刘备大惊失色，连手中的筷子和勺子都掉到了地上。偏巧当时打了一个响雷，跟着便下起大雨来。刘备急中生智，俯身捡起筷子和勺子说：“这雷声实在太大了，吓得我连筷子和勺子都拿不住了。”

曹操大笑道：“堂堂七尺男儿，连打雷都能吓成这样？”

就这样，刘备用自己的机智使曹操彻底对他放下了戒心。也正是因为这样，刘备后来才有机会三顾茅庐，请出诸葛亮，并在诸葛亮的辅佐下，建立了能与曹操的魏国和孙权的东吴相抗衡的蜀国政权。

类似的事例还有很多。翻看大多数政治家的外交语录，随处可见这种机智巧妙、不卑不亢的言辞。当然了，机智灵活的谈判策略不仅适用于外交场合，也适用于其他场合的说服中。

法国大革命期间，发生了这样一件事：一日，士兵们与街头示威游行的群众经过了长时间的对峙以后，士兵指挥官忍耐不住了，正欲下令开枪，这时一名中尉提出请求，要对群众说几句话，或许可以解决眼前这个难题。指挥官同意了他的请求，中尉遂面向群众鞠躬道：“绅士们请先离场吧，我们要处理的是那些唯恐天下不乱的不法之徒！”他的话旋即收到成效，群众迅速散场。中尉凭借自己的机智，成功避免了一场流血冲突。

威廉·培恩是贵格会教徒，按照教规规定，他在拜访国王查理二世时，拒绝脱帽行礼。面对这种情况，查理二世竟微笑着将自己的帽子摘了下来。威廉·培恩忙说：“这叫我如何受得起？请您赶紧戴上帽子吧！”查理二世幽默地说：“在我这里只能有一个人戴帽子，既然你不脱帽，那就只好由我来脱喽！”

爱迪生说："在生活中，机智比才华更重要。而要获得成功，则必须两者兼备。"足够机智灵活的话语，既能够达到说服的目的，又不至于让矛盾激化。

现代社会，机智是一项非常重要的个人素质：一个不够机智的销售员很难卖出商品，一个不够机智的商人很难打动客户，一个不够机智的律师很难赢得官司，一个不够机智的政客很难得到民众的支持……因此，我们一定要学会多角度看问题，灵活表达自己的观点。

一些通用的语言禁忌

人生不外言动，除了动就只有言，所谓人情世故，一半儿是在说话里。

——朱自清

要想说服你的谈判对手，一定要避免说出错误的话。要知道，当你的某些话语触碰了对方的逆鳞，对方就会对你产生抵触心理，这种心理一旦产生，想要把话说到对方心里，让其听从你的意见，那就难上加难了。

所以，一个高明的说服者，必须尽可能保证自己的话语不出差错，不因为一些小细节而触怒自己的对手，总的来说，说服者必须注意以下四个方面：

第一，必须采用正确的称呼。

无论是打电话还是当面谈判，彼此之间都需要称呼对方。既然如此，我们就要明白什么是礼貌的称呼，不能在这上面犯错。一般来说，称呼对方的时候要本着恭维对方的原则。比如商业谈判的时候，如果你估测对方在其公司的职位较高，记得叫“X总”。即使觉得对方不是公司或者部门的一把手，也应该叫对方“X经理”。切记不要像公司内部员工之间的称呼一样，叫“小王”“小李”之类，因为你即使资历更老，对方既然是你的谈判伙伴，双方就应该是平起平坐的关系。

日常的一些称呼遵循生活中的规则即可，即“逢人减岁”。不过，某些可能引起误会的称呼一定不要用，避免不必要的麻烦。

一位业务员去外省的一家投资公司考察，负责接待他的是总经理秘书何兰。

初次见面，那位业务员很恭敬地把自己的名片递给了何兰。出于礼貌，何兰也将自己的名片递给了对方。那位业务员很认真地把名片上的名字朗读了一遍，然后把名片装进衣袋。

几天之后，那位业务员要给公司发传真，就急匆匆地赶到何兰的办公室，大呼小叫地说：“小姐！小姐！能借用一下你们的传真机吗？”

办公室附近正好有几位办公人员，有些人听到“小姐”的称谓，忍不住偷笑起来。

何兰早就察觉到了这一点，可又不好意思说什么，就冷冰冰地对那位业务员说：“对不起，这里没有您需要的东西。”

业务员看见何兰的办公室里明明就有一部传真机，可是何兰却断然拒绝了他的请求。他想不明白其中原因，只好找到该公司的一位与自己关系不错的职员，请他帮忙发传真。

这位职员走进何兰的办公室，微笑着对何兰说：“兰姐，我要发一份传真，借用一下你们的传真机！哟，你剪头发了！这发型很适合你！”

何兰二话没说就爽快地答应了小职员的要求。

站在门外的业务员听完，这才猛然意识到自己的问题出在哪里——是“小姐”这个不合时宜的称呼让他吃了“闭门羹”。

第二，不能轻易地说出他人的隐私。即便你心里非常明白，也没必要说出来，否则不但会令当事人难堪，还会让在场的其他人觉得你不值得信任。适时糊涂一些，有百利而无一害。要知道，“水至清则无鱼，人至察则无徒。”人们一般都不愿意轻易暴露自己的内心世界，如果你事事都点破，说出了对方的隐私，就等于让对方的内心世界暴露无遗，从而让他觉得难堪甚至动杀人的念头。三国时期的杨修，就是因为多次看穿曹操的心理并告之于人，这才惹来杀身之祸。所以，不要轻易地揭露别人的隐私。

第三，说话的时候要过脑子，不要随口说一些可有可无的话。可能大家的性格、兴趣、职业和生活环境都不尽相同。为了尽量照顾到所有人的感受，说话时就要注意一些语言禁忌，不能说话不经大脑。否则，不但会破坏谈话气氛，还可能得罪人，影响你的人际关系。

有个人邀请几位朋友到家里做客。

吃饭时间快到了，可是其中两个朋友还没有来。主人就对在座的其他人说：“唉，该来的没有来。”

一位比较敏感的客人听了这句话，心想：那我一定是不该来的了。于是，他马上起身离开了。

主人见这个客人莫名其妙地走了，更加着急了，随口就说：“哎呀，不该走的走了。”

另一位客人听了，心想：那么我可能就是那个该走的了。于是，他也起身不辞而别。

主人看见又走了一个，非常失望地说："他想多了，我说的又不是他。"

又有两个客人起身离去，他们心想：你说的不是他，难道是在说我？因为除了他就剩下我了。

就这样，几句话之后，参加宴会的客人们走了快一半。

第四，要注意不要伤害他人的尊严。有些人可能是想要调节气氛，会随意开玩笑，甚至将对方的痛处、缺点或过失作为谈资，根本不考虑对方的感受。这么做无疑是在揭露别人的伤疤，使对方陷入尴尬的境地。这时，对方即便没有做出多大反应，他心里也会觉得你不尊重他，使他丢了面子，并因此对你产生不满。

要想说服他人，一定要注重礼貌，谈话要用词考究，谈话的语言要视对方的具体情况而有所避讳，才不会有尴尬情形出现。想要成功地说服他人，还有重要的一条是不能犯忌，如果犯了对方的忌讳，恐怕没有人会成为你的赞同者。比如当你的谈判对手比较矮或者比较胖的时候，一定不要开这方面的玩笑。

想要说服人，首先要让别人愿意接受你。人们更愿意接受礼貌的人，因此，说服别人应该以礼为先，要赢得对方的好感。生活中，有的人求人办事，非但不恭敬有礼，反而言语粗鲁，言语无所避讳，这样的话，别人是难以接受的。因此，该说的要不卑不亢说出来，不该说的，千万注意避免，只有这样，才能减少失误，赢得别人的认同。

第十一章　搞定你想要搞定的人和事

通过谈判，你可以获得真正想要的一切。

ELEVEN

征服面试官

你要相信，你可以从人群中脱颖而出。

面试的过程，就是一个征服面试官的过程。怎样打动面试官，说服对方录用你，就是你的目的。

想打动面试官，就要从多个方面入手，针对面试官的心理，制订出合适的应对计划。

首先是整理仪容。我们都知道，人们都会被第一印象影响，面试官也一样。如果面试官对你的第一印象不好，接下来的面试过程你就会面对很多困难，因为对方对你产生了偏见。

抛除长相等无法改变的条件不谈，我们要让自己看起来卫生、整洁、端庄。头发长短均可，飘逸不说，至少看起来应该自然柔顺，特别是对于女性而言。“剪不断，理还乱”，一个头发凌乱的女性，很容易让人觉得缺乏处理问题的能力。指甲一定要剪短，这一点同样更针对女性，哪怕你仅仅是为了应付面试而暂时性的剪短。短指甲不仅让你显得更加卫生，还会给人一种干练勤奋的感觉，这对你赢得面试无疑是有益的。对于女性来说，面试前进行一定的化妆是必须的，这已经不只是自我美观的考虑了，它还带有对人尊重的成分。妆要淡雅，这是你唯一需要也是必须要注意的问题，你要让自己看起来更知性，而不是更性感。

其次，在面试时，很多人都会产生紧张感，尤其是在面试刚刚开始时。要知道，你的紧张心理就是你的漏洞，面试官如果看到你非常紧张，就会觉得你不可靠，不够沉稳，他们也就有更充分的理由将你排除在任用名单之外了。

所以，要想赢得面试官的认同，增加面试的成功机会，你必须要学会克服紧张感，让自己理性、坦然、大方地应对面试官。紧张的面试者是很难博得面试官认可的，要努力让自己看起来“气定神闲”。产生紧张感的原因有很多，譬如准备不足，譬如害怕面试失败，譬如无法在短时间内适应新环境等。要克服紧张感，我们完全可以从紧张感的成因出发，寻求解决的途径和方法。怎样克服紧张感呢?

第一，不要把成败看得太重。你失去了这个工作岗位，并不意味着你就没有了后路和未来，机会有很多，这个只不过不适合而已。况且，即使你失败了，也不能说你一无所获，这次面试的经验和教训，会为你今后的面试树立一面镜子，让你时刻检省自己，完善自己。因此，无论从哪个角度讲，你都不会成为一个失败者。这样一来，你还有什么好紧张的呢?

第二，不要把面试官想得那么富有神秘感。单位不见得就一定会安排一个无所不通的专业人才主持一场面试，坐在你面前的考官，甚至可能和你的年龄相仿，是一个刚刚踏上人事岗位的人。因此，你没有必要太过紧张，换位思考一下，或许他们在面对你们时还有一种紧张感。

第三，尽量准备得充足一些。多巩固一些可能用到的专业知识，熟悉和了解面试时应该注意的技巧、礼仪等。你对某件事情的了解和把握越大，越不容易产生紧张感，这是显而易见的。

另外，“知己知彼，百战不殆”，把握面试官的性格特点，对症下药，见招拆招，无疑是你征服对方的上乘之策。不同性格的人，其弱点也是不同的，我们要想打动面试官的心，就要有相应的策略。

有的面试官非常严肃冷静，容貌威严，举手投足之间都透着一股不可侵犯的劲儿。对于这种人，你最需要做的就是“投合”，不要和他正面交锋，要谦让，随机应变，服从他的想法和观点，只要他是对的。

有的面试官思维缜密，逻辑严明，凡事处理起来有理有据。面对这种人，你也要相应地展现自己成熟理性的一面，以求营造一种类似于“英雄所见略同”的氛围，从而让面试官在与你交流时，更容易产生认同感。

有的面试官精明干练，实事求是，言语直接，毫不拐弯抹角。对于这种面试官，你在发言时要做到有理有据、切中肯綮。切忌夸夸其谈，能够用一句话讲清的道理，绝不啰唆两三句。

有的面试官言语较少，每次发言都要经过一番深思熟虑。对于这种人，你要拥有足够的耐心，给他足够的时间思考，同时不要轻易地打断他们说话。

也有的面试官性情温和，善解人意。对此，你千万不要掉以轻心，让自己放松随意下来，对方越和善，你越要展现自己理性收敛的一面，“文质彬彬，谦谦君子”。

还有的面试官，积极主动，言谈恳切，丝毫不掩饰内心的想法和观点。对于这种面试官，你需要拿出与其同等的热情和诚意。微笑和点头，不失为一个简单而有效的方法。

此外，具体到提问的问题，你则要学会根据不同的提问种类，巧妙应答，充分体现自己的反应速度、思维活跃性等综合能力，最大限度地获取面试官的好感。

当然了，面试中的技巧有很多，它们涉及面试的各个阶段和环节。掌握了这些技巧和方式，将有助于一个人在面试中更好地展现自我、完善自我，从而感化面试官，征服面试官，最终达成你想要的结果。

如果你想加薪

加薪，一直是个让人又爱又恨的话题！

在公司工作的年头也不算短了，薪水却一直不见涨，我是不是该向老板提出加薪呢？在业务考评中名列前茅，拿到的工资却和其他同事差不多，这是不是有些不公平？听说某某同事最近加薪了，为什么他可以加薪，我却加不了呢？身在职场，我们大部分人都有过上述的经历。加薪，一直是个让人又爱又恨的话题。假如向老板主动提出加薪，他同意了，这个结果自然是好。但是假如他不同意，接下来我们又应该如何在公司自处呢？

其实，加薪的本质是日常生活中的一次谈判，除了你为提出加薪这一要求所要下的决心以外，与老板就加薪这一提议磋商的过程也同样重要。许多人都把提出加薪的过程简单化了，认为自己只要向老板提出要求，再等他做出一个同意或拒绝的答复，事情就算结束了。殊不知，加薪其实是一个双向沟通的过程，是一场你与老板之间的谈判。如果你想在谈判中得到一个好的结果，那么就必须仔细聆听老板的声音，揣摩他的想法，然后根据他的反应来调整你的策略，与老板磋商，直到双方都得到一个满意的结果。简而言之，就是将谈判心理学应用其中。

小强是一名业务员，在自己的职业生涯中，他曾经三次向老板提出过加薪的要求，但是三次都得到了不一样的结果。

第一次，小强向老板提出加薪要求的时候，他已经在公司工作快两年了。周围同事的流动性很强，很多人待了不久以后便选择了离职。小强想，自己在公司也算得上是一名老员工了，对业务也够熟悉，如果自己向老板提出加薪的要求，他应该会同意的。于是，小强走进了老板的办公室，提出自己想要加薪。但是，让他没想到的是，老板却给出了这样的回应："公司还有其他像你一样的老员工，有的待的时间比你还长，如果只给你加了薪，对他们是不是不公平呢？"面对这番话，小强一时哑口无言。之后，他回到工作岗位上继续工作，却无论如何都不能够再静下心来，觉得自己与老板上下级间的关系似乎变得微妙起来。不久，小强就辞职了。

从第一家公司辞职后，小强又找到了一家新的公司，在自己的岗位上兢兢业业地努力，没过多长时间便成了这家公司的明星业务员。虽然待的时间不是很长，但小强觉得自己表现非常好，公司应该为自己加薪，以匹配自己的能力。这一次，小强吸取上次的教训，觉得在向老板提出加薪时绝对不能表现得弱势，否则会像上次那样，被老板以巧妙的方式拒绝。有了这种想法，小强在这一次提出加薪的时候，就故意表现出了强硬的姿态。但是他过于强硬的态度却惹恼了老板，老板告诉他："明星业务员多的是，少了你一个我还可以再培养出好几个，你自己看着办吧。"老板这番话无异于同他撕破了脸皮。离开办公室，小强心灰意冷，觉得没法再待下去了，当天就递了辞呈。

经过前两次的经历，小强痛定思痛，明白加薪并不是一个简单的问题。在第三家公司，他的工作顺风顺水，但是老板也始终没有主动为他加薪。终于，他决定第三次为自己争取加薪的权利。这一次，他做了周密的准备。他分析了一下自己现在在公司的价值，与其他同事比较自己对公司做出的突出贡献，以及自己的离开会给公司带来的损失。有了这些准备，小强也没有自得意满。上次的经历使他明白，自己向老板提出加薪实质上就是与老板之间进行的一次谈判。他既要向对手展现自己的实力，证明自己的价值，也要尊重对手，博得对方的好感。这一次，他心平气和地与老板进行了磋商。他清楚地向老板说明自己具有要求加薪的资格，展示了自己为公司做出的贡献，向老板说明了自己对于公司的价值。这一切都是筹码。最终，他的细心准备没有白费，老板认可了他对于公司的价值，做出了让步，为他加了薪。小强为自己争取到了合情合理的薪水，也赢得了这一场职场上的谈判。

一般情况下，老板给一个员工加薪，看重的是员工对公司所做的贡献，对于公司来说所具有的价值。了解了老板的这一心理，我们就能在谈判中准备“王牌”来和老板讨价还价了。首先，在向老板正式提出加薪的要求之前，要正确估量一下自己的价值，看看公司是否值得给你加薪。在上述例子中，小强认为自己在公司待的时间长、业务能力强这样的想法，其实都是对自己的一个“估价”。如果你“估价”得到的结果是你为公司做出的贡献很大，但拿到的薪资却很少，那么你就有了向领导提出加薪要求的理由。

其次，贡献大并不代表你是不可取代的，也不代表公司值得用加薪的方式来挽留你。小强在第三次要求加薪的准备中考量自己与其他同事比较对公司做出的突出贡献，以及自己离开后给公司造成的损失，实际上就是在考量公司值不值得用加薪来挽留自己。

最后，谈判是一个双向沟通的过程。沟通是需要讲究技巧的。小强在第二间公司明明颇具优势，最后却痛失机会，原因就在于他与老板之间的沟通出了问题。他只是想表现得强势，但是方法不对却惹恼了老板，让老板以为小强不尊重自己。所以，在向老板提出加薪时，一定要注意自己的语气语调，自己所表现出来的态度。简而言之，就是掌握谈判沟通的技巧。

总之，员工向老板争取加薪确实不是一件容易的事情，是一场需要充分准备才能打赢的谈判。只有掌握正确的方法，运用手中筹码与老板进行谈判，我们才能捍卫自己的利益，争取到期望的薪资，证明自己的价值。

不要被心胸狭窄者激怒

强势谈判心理学的核心在于，既表达自己，又关心他人。

有一些人伶牙俐齿，说起话来咄咄逼人，带有很强的攻击性，他们是尖酸刻薄的人。一旦他们和人发生了争执，就是得理不饶人的态势。这样的人很难交流，与他们协商某件事的时候，他们可能会傲慢无礼，这时候，不要被他们激怒，我们要有自己的计划，一步步战胜他们。

生活中，心胸狭窄的人并不罕见。通常，心胸狭隘的人嫉贤妒能，自卑而敏感。他们承受能力很差，精于算计，傲慢无礼。

很多人都讨厌与这种人交往，但实际上，与这一类人交往并努力影响他们其实并不难。他们的性格特征具有明显的“恶”的倾向，因此，你只需展现你“善”的一面，就可以压制他们，把他们带入到你的节奏中。

林肯竞选美国总统的时候，他的主要对手是大富翁道格拉斯。众所周知，竞选总统需要足够的经费支持，道格拉斯觉得自己在资金方面有很大优势，便想在这方面压制林肯，演说时经常以此为话题挤对林肯。为了显示自己的派头，他出场的时候，总是很讲究排场。道格拉斯所到之处，前呼后拥，并且用豪华礼炮鸣炮 30 响，这样的气势在一开始完全盖过了林肯。林肯资金短缺，也没有什么背景，自然无法在排场上和道格拉斯一较高低。道格拉斯越来越得意，一次演讲中，他用充满挑衅的语气说："林肯只是一个乡下小子，完全没见过什么世面，就我这排场，只怕已经把他吓怕了。"

林肯得知后，并没有生气，他依旧按部就班地进行自己的竞选计划。照样买票乘车，到全国各地演讲，他并不讲究排场，但是演讲起来仍旧信心十足。他并不为自己在资金上的劣势感到恐慌，他说："有很多人问我有多少财产，还有人怀疑我的资金不足以支持我竞选。在这里，我可以明确告诉大家，我的财产就是我的妻子和三个儿子，他们是我最珍贵的财宝。至于竞选总统，我有一个办公室，室内有办公桌一张，椅子三把，墙角还有一个大书架，架上放有我认为值得一读的书籍。我还有你们的支持，我觉得，只要有一个坚定的心，这已经足够支持我竞选总统了。"最后选举中，不可一世的格道拉斯大败而归，林肯获胜，成了美国第十六任总统。

要知道，心胸狭窄者内心敏感，这往往是他们内心深处的自卑感在作祟。而自卑感，正是促成他们心胸狭窄的主要诱因之一。心胸狭窄者本身就倾向于将他人的目的和想法往"恶"的一方面靠拢，如果你不多加注意自己的言行，就跟可能成为他们的潜在攻击对象。实际上，心胸狭隘者确实存在较为强烈的攻击欲望，在觉得自己受到了侵害和污蔑时，他们很容易陷入感性旋涡，给予对方报复性的回应和打击。基于这一点考虑，我们在与心胸狭窄者交往时，要多加注意自己的言行举止，尽量不要激怒他们，平静地交谈是避免和他们产生冲突的最佳方法。我们可以看看美国的总统马琴力是如何应对那些说话尖酸刻薄的人的。

在一次议会中，美国副总统马琴力任命某人为税款的经纪人。对于这项决议，几个代表很是不满，一天他们怒气冲冲地走进马琴力的办公室，强烈要求马琴力给个说法。为首的是一位议员，他身高6.2英尺，一贯善于搬弄是非。这位议员脾气很暴躁，一进门就骂马琴力，言语间饱含着愤怒的情绪，企图使马琴力发怒。由于这位议员的怂恿，其他几位议员也痛骂马琴力，唾沫星都溅到了马琴力的脸上。

面对这种场面，马琴力不是怒气冲天地与这几个代表叫板，而是不动声色地听着。待到这几位代表声嘶力竭，无话可说之时，马琴力以一种和善的语气说道："现在你们觉得好受多了吗？在交际中，一个不了解事实的人总是容易最先发狂的。你们的言辞激烈，气势咄咄逼人，我完全可以不搭理你们。不过，我还是要把决议的始末说给你们听。"随后，马琴力和颜悦色地向这几位代表解释了自己决议的缘由。听罢，这几个代表的脸顿时红了。

马琴力平和的态度让这几个代表觉得很惭愧，最终他们不好意思地离开了马琴力的办公室。

在家庭生活中，婆媳之间的关系自然是焦点。有的婆婆说话尖酸，有的媳妇则是刻薄。那么怎样处理这种关系呢？

小孙的婆婆是典型的小心眼婆婆。有一次，小孙下班早，就回房休息去了。小孙的丈夫下班回家晚，没看到小孙，就问妈妈：“小孙干什么去了？”小孙的婆婆大声说：“她在屋里啦，她不喜欢和我这个没文化的人说话。”小孙无意间听到了他们的谈话，觉得婆婆说的话很酸，自己心里很不好受，她非常恼怒，想要出去跟婆婆理论。

但是，当小孙看到镜子里自己发怒的样子之后，觉得这样出去一定会和婆婆吵架，可能几天都要在气闷中度过。于是，她平静了一下，走了出去说：“妈，我今天上班有点累，所以进去睡了。我怎么会嫌弃您没文化呢？您平时做起事来的时候，比我老练多了。”经这么一说，婆婆也不好再生气，和颜悦色地叫她一起吃饭。

我们和心胸狭窄的人打交道，千万不要和他们一起陷入愤怒和刻薄中，这样的话，什么事也解决不了。比较好的方法就是听听他们的抱怨、讽刺、指责，让他们都发泄出来。之后帮助他们分析分析问题，重新认识他们自己。如果他们是明事理的人，那么你简单的几句关心的话，或许就能改变他们的态度。

怎样与你不喜欢的人走向和谐

强势谈判心理学的目的是，看见自己的内心，更好的影响他人。

任何人都不可能只跟自己喜欢的人打交道。

为什么你会不喜欢他甚至厌恶他呢？一方面，可能是对方确实存在一些无法容忍的缺点和习惯；另一方面，可能仅仅是因为对方的所作所为触及了你的自尊心或个人习惯，而无关他们的能力和品德。

任何人都不是完美的，包括你自己在内。你不喜欢他，说不定错不在他而在你呢！我们要有这种反思意识，有时候会从根本上解决问题。

一个你不喜欢的人，很多情况下也是一个和你存在诸多不同的人，包括性格、喜好、看待问题的角度，也包括处理事情的方式和方法。意识到了这一点，我们在与这类人交往时，就要努力地做到求同存异，因为达成和谐才是人际关系的目的。

首先，在不触犯原则或不触及道德底线的前提下，你应该尽量地包容别人身上的缺点和不足，这在人际关系中很重要；如果某种利害关系把你与他拴在一起，那么包容就成为必须。若是你过于苛刻，那么与对方的接触及合作将举步维艰。你不妨试着反过来想想，他的那个缺点真的是缺点吗？是否只是与我不同的特点而已？

事实上，缺点与优点之间的界限并不总是那么分明。比如，鲁莽是个缺点，但如果控制得当，就是勇敢；患得患失是缺点，但如果控制得当就是谨慎周密；耽于幻想是缺点，但也能意味着富于想象力……

每个人都不可能一无是处，对方身上肯定有一些你所没有的优点，甚至他的缺点实际上也能转化成优点。如果你能这样看问题，很可能豁然开朗，那么与对方的接触就有了健康的起点，之后的合作也就更乐观些。这种积极态度，容易赢得对方的配合，甚至对方会主动克制自己的“陋习”——那些至少在你看来是令人无法容忍的坏习惯——以回报你的宽容大度。

电视剧《我是特种兵 2》中，王艳兵十分讨厌何晨光。因为何晨光是军事高干子弟，有爷爷奶奶疼爱，有漂亮的女朋友，有很高的军事素质，等等。总之各个方面都很完美。而王艳兵自己呢？他从小被认为是“罪犯”的儿子，唯一的亲人奶奶也去世了，长大后成了一个典型的社会小青年。为了生活，就靠着一个气枪打气球的小摊挣点钱。可是这个摊子被何晨光砸了。从那王艳兵就开始讨厌何晨光。后来两个人都到了部队，训练科目都是何晨光第一，王艳兵第二。这一下子，王艳兵更加讨厌何晨光了，他经常说：“怎么哪都有你？”

但是何晨光却是一直将王艳兵当战友，当兄弟看，从来没有瞧不起他。他的包容，给了王艳兵反省和调整的机会。逐渐地，王艳兵认识到自己的错误，消除了对何晨光的偏见。于是，他们的关系打破坚冰，开始并肩作战，都加入了红细胞特别行动小组，成为真正的生死兄弟。

在与讨厌的人相处之时，我们不妨后退一步，给对方留有余地；

要以客观的眼光看待对方，积极调整相互关系。只有这样，对自己、对他人才都是公平的。也只有这样，才能避免对他人产生偏见，也防止自己做出错误判断。

其次，要学会控制自己的情绪，尽量剥离对那些讨厌者的成见。一个人对别人的厌恶感是很容易形成的，只要对方做了一件伤害你或者你认为过分的事情，哪怕这件事看起来无关紧要，也可能让你将对方列入你的黑名单。从此之后，在你眼里，他所做的每一件事情都会被打上类似“荒谬”“幼稚”“可笑”之类的标签，虽然你可能根本就不清楚他到底在做些什么。你要知道，如果这种情况长久地持续下去，最终损失最大的人肯定是你自己，你仅凭自己的主观臆断就切断了一条乃至数条数十条有价值的信息源，这对你的生活一点帮助都没有，只会让你作茧自缚。你需要做的，应该是尽量以一个积极主动的心态面对这种人，让你的小情绪在双方交流伊始就消失掉。

再次，要和他们适当套套近乎，主动向他们示好，主动和他们沟通。面对他们的时候，保持微笑，经常给予他们肯定的目光。即使你再怎么讨厌他，他心里是如何不舒服，你这样做了，他的心里也是很乐意的。

还有，逐步建立信任关系。你讨厌一个人，可能他身上真的有什么不好的地方，不入你的法眼。即便是这样，你也无法改变他，只能慢慢同化他。所以，不要远离他们，而是主动地关注他们，赞扬他们，获取他们的信任。一旦你们之间的信任关系稳固了，那么你们沟通起来就很容易了。

另外，你要胸怀宽广，这是接纳他人，影响他人必须具备的品质之一。不要总是拿着敌对的眼光面对你所讨厌的人，试着让自己宽容一些，大气一些。要尊重别人的价值观和处事方式，他人的处世和生活方式，不管在我们看来有多么的不合情理或者令人厌恶，他自有坚持的道理。不要只包容原谅自己，宽容一些，将这种心理和行为推己及人，你将在他们身上获得更多的感动与认可。

当然，努力靠近或者了解你讨厌的人，只是为了让你减少与对方的分歧，并不是让你放弃自己的主张和原则，更不是让你奉承这一类人。也就是说，你和这类人要保持一个合理的距离：彼此离得太远，便没办法沟通，更无法在某些事情上达成一致；离得太近，你自身的原则便很容易受到影响。这就像两只刺猬的故事一样：在一个寒冷的冬天，两只刺猬相遇了，它们尽量地靠近彼此，以取得足够的温暖御寒，但很快，尖锐的针刺让它们刺痛了对方，于是它们又慢慢地远离对方，但寒冷很快让它们再次靠拢。就这样，反复几次之后，它们终于找到了一个合适的距离，在这种情况下，它们既不至于刺痛彼此，又能够温暖彼此，抵挡风寒。人与人之间的相处，即是一个寻找完美距离的过程。

总之，与不喜欢甚至厌恶的人交往，要摆正自己的心态，求同存异，最终让双方达成和谐的关系。事实上，无论你与谁交往，都必然存在着“攻守”式互动，有时候是明的，有时候是暗的，有时候是有意识的，有时候是无意识的。

从广义上说，“谈判”远远不止发生在谈判桌上，双方正襟危坐，郑重其事；在更多情况下，“谈判”以更为温和、更为微妙、更为普遍的方式发生。不管哪一种，双方都是在攻与守、进与退中不停调整，在磨合中前进，最终达成和谐的关系。